NARRAR
EL ABISMO

Patricia Simón es escritora y reportera especializada en conflictos y crisis humanitarias. En sus dos décadas de trayectoria ha realizado coberturas en más de veinticinco países, entre las que destacan las guerras de Ucrania, Mali, Sudán, Colombia y los Territorios palestinos ocupados, las protestas de Irak y Cuba, la inundación de Derna (Libia), el terremoto de Marruecos, la epidemia de ébola en Sierra Leona... Colabora regularmente con la Cadena Ser, *La Marea*, *Revista 5W*, *El País*, *Carne Cruda* y la agencia Associated Press. Su trayectoria ha sido reconocida con el Premio de la Asociación Española de Mujeres de los Medios de Comunicación, el Premio Internacional de Periodismo Manuel Chaves Nogales y el Premio Bones Pràctiques de Comunicació No Sexista de l' Associació de Dones Periodistes de Catalunya (ADPC).

PATRICIA SIMÓN

NARRAR EL ABISMO

Periodismo de conflictos en tiempos de impunidad

EN DEBATE

Primera edición: septiembre de 2025

© 2025, Patricia Simón Carrasco
© 2025, Penguin Random House Grupo Editorial, S.A.U.
Travessera de Gràcia, 47-49. 08021 Barcelona
© 1997, Jerzy Sławomirski y Ana María Moix, por la traducción de
«Fin y principio», de Wisława Szymborska

Diseño de la colección: PRHGE/Nora Grosse

Printed in Spain – Impreso en España

ISBN: 978-84-19951-30-4
Depósito legal: B-10.015-2025

Compuesto en La Nueva Edimac, S. L.

Impreso en Huertas
Fuenlabrada (Madrid)

C951304

Dedicado a las y los periodistas palestinos, especialmente a los más de doscientos asesinados por el Ejército sionista en la Franja de Gaza durante el genocidio: gracias a vuestro trabajo, tarde o temprano, se hará justicia

Nos hacemos cómplices de todo aquello que nos deja indiferentes.

GEORGE STEINER, Un lector

Las palabras toman cosas del olvido y las ponen en el tiempo.

DANIEL MOYANO

Índice

Comencé a escribir este libro pocos días antes del 7 de octubre de 2023, cuando miembros y simpatizantes de Hamás asesinaron al menos a 1.200 personas y secuestraron a más de 240. Es decir, me dispuse a escribir sobre el abismo unos días antes de que comenzase a abrirse bajo nuestros pies el más profundo y atávico de todos, un atroz ataque indiscriminado contra civiles que fue respondido con el peor de los crímenes de lesa humanidad: un genocidio en la Franja de Gaza. Hasta entonces, la prensa y la sociedad civil internacional nos habíamos acostumbrado a sintetizar lo que Israel había hecho con esa lengua de tierra palestina como «la prisión a cielo abierto más grande del mundo». Nos daba reparo llamarlo por su verdadero nombre, «campo de concentración», porque algunos de los responsables de los crímenes cometidos contra el pueblo palestino son descendientes de las víctimas de los centros de exterminio nazis, del Holocausto. Por eso, tras décadas de ocupación, de limpiezas étnicas, de desplazamientos masivos, de masacres, de expolio, de régimen de *apartheid*, aún nos resistíamos a afrontar que las víctimas de los actos más desalmados pueden convertirse en los verdugos más perversos. El libro quedó entonces suspendido. ¿Cómo reflexionar sobre el horror absoluto mientras nos paraliza la visión de su ejecución? ¿Hasta qué punto tiene sentido pensar sobre lo que no debería estar ocurriendo en lugar de dedicar todas nuestras energías a intentar impedirlo? ¿Cómo conservar el compromiso intelectual y ético con la defensa de los derechos humanos cuando recordamos que cada generación asiste, incluso varias veces a lo largo de su vida, a esta determinación –entregada, incansable, meticulosa– de las personas por exterminarnos las unas a las otras? Estas preguntas han acorralado al ser humano a lo largo de la historia, pero se han convertido en percutores en las sienes para los que, en pleno siglo xxi, hemos asistido atónitos a nuestra incapacidad para frenar el primer genocidio televisado en directo. Meses y meses en los que hemos quedado reducidos a espectadores de la barbarie, a estatuas de sal carcomidas por la impotencia y por la estupefacción de comprobar que, por no tener, no teníamos ni mecanismos para obligar a nuestros representantes públicos a romper relaciones diplomáticas con un Estado genocida, a aprobar sanciones económicas, a romper relaciones comerciales. Y, una vez más, hemos comprobado cómo las manifestaciones, inicialmente multitudinarias, a medida que pasaban las semanas y crecía el número de víctimas, quedaban reducidas a las concentraciones del puñado de activistas tenaces que siempre estuvieron del lado de las causas justas, cuando ocupaban las portadas y, sobre todo, cuando quedaban relegadas al olvido.

Como decenas de millones de personas en todo el mundo, me sentía abatida ante la constatación de que se puede cometer un infanticidio con total impunidad: entre octubre de 2023 y febrero de 2025, más de dieciocho mil niños y niñas fueron asesinados por el Ejército israelí y más de diecisiete mil, según datos de Unicef, se quedaron huérfanos o terminaron viviendo separados de sus progenitores. Como periodista, me reconcomía no poder acompañar a los colegas gazatíes en su extraordinaria labor de documentar los crímenes de lesa humanidad con los que el Ejército israelí estaba exterminando a sus familiares, a sus conocidos y a ellos mismos: nunca en la historia se han asesinado a tantos periodistas en tan poco tiempo.

Las democracias occidentales llevan años sumidas en una crisis de legitimidad y el persistente apoyo de sus Gobiernos a un Estado autocrático, fundamentalista y criminal, como es en el que se ha convertido Israel, las está arrastrando a un futuro incierto. Porque ¿acaso podemos considerarnos realmente ciudadanos y ciudadanas de un régimen democrático cuando los Estados no cumplen la voluntad expresa de su sociedad civil de romper relaciones con el responsable del mayor crimen del que es capaz la humanidad? Si ni siquiera intentan respetar y preservar el entramado legal que nos dimos tras la Segunda Guerra Mundial para impedir que se repitiera la atrocidad total, si los cacareados valores universales de Europa no se aplican cuando las víctimas son árabes, musulmanas o de piel oscura, ¿no será que la Unión Europea también practica una suerte de *apartheid* político y legal? Si nuestros países fabrican las armas con las que se desventra a la infancia de Gaza, ¿no son acaso nuestros líderes cómplices de genocidio? Y, sobre todo, ¿por qué seguir votando a quienes han decidido llevarnos como sociedad al abismo de la indignidad?

Como ciudadana europea y periodista especializada en conflictos y crisis humanitarias –muchos de ellos provocados o agravados por el colonialismo occidental–, soy consciente de las contradicciones que acompañan a mi ejercicio profesional en esos escenarios. Mi cuerpo blanco es descendiente y símbolo de siglos de ocupaciones, exterminios, genocidios y expolios que llegan hasta hoy. Mi mera presencia, un recordatorio del cinismo criminal de una Europa que se sigue envolviendo en palabras como «derechos humanos», «democracia», «igualdad» y «libertad de expresión» mientras viola sistemáticamente cada uno de esos principios, en especial si sus sujetos son descendientes del Sur global, así hayan nacido en su territorio. Y aun así, la connivencia, cuando no cooperación, de nuestros representantes públicos con este genocidio cometido por el proyecto colonial sionista, como lo hizo la invasión ilegal de Irak en 2003 o la guerra de Vietnam en los años sesenta, lo cambia todo. Aunque sigamos interpretando un espejismo de normalidad, somos conscientes de que no podemos seguir adelante, repitiendo frases hechas sobre justicia y paz en medio de tanta impunidad, dolor e infamia, sin formular antes algún tipo de *J'accuse* que denuncie el erial ético en el que nos dejan los cómplices de estos atentados contra la humanidad. Porque ¿qué sentido tiene escribir sobre el abismo cuando su visión nos está cegando, cuando avanzamos desconcertados, como zombis, hacia él?

Por eso, este libro es un reconocimiento de nuestro fracaso como periodistas a la hora de sembrar en la ciudadanía una cultura de derechos humanos y de paz, pero también un manifiesto sobre el poder del testimonio en contextos de impunidad; una reivindicación del periodismo como un oficio humanista que, al informar, preserva la humanidad de nuestras sociedades; una demostración sobre cómo la solidaridad, la ternura y los cuidados sobreviven siempre a la atrocidad; y un manual sobre cómo el testimonio, el relato y la narración son algunas de las herramientas más poderosas contra la internacional del odio y su intento de imponer el régimen del miedo y de la crueldad.

Sé bien que, con su primer fogonazo, la visión del horror nos enmudece. Luego, solo nos salva sacar la voz. Me lo han enseñado los cientos de supervivientes que he entrevistado en mis veinticinco años de ejercicio periodístico.

Narrar contra el olvido

Majdya yacía en la cama, cubierta con una sábana hasta la cintura. Cuando vio entrar a Waed por la puerta, fracasó en su intento de darle la bienvenida con una sonrisa de hospitalidad. El rictus de sus párpados congeló su mirada: sostenían demasiada desolación. Aun así, envolvió las palabras que le costaba articular con una calidez que rápidamente se evaporaba en la frialdad de la habitación de hospital. Waed Ayyash era una de los cientos de voluntarios palestinos de Jerusalén Este que se habían organizado para asistir a las víctimas de los bombardeos israelíes que, en 2014, acabaron con la vida de 2.200 gazatíes y dejaron a más de 10.000 personas heridas o con secuelas permanentes. Y Majdya Aziz era, a su pesar, una superviviente de la embestida de metal y fuego. Su hija, de cinco años, murió sepultada bajo los escombros, como otros cientos de niños y niñas. El Estado sionista llamó a esta ofensiva Operación Margen Protector. La mayoría de los medios occidentales reproducían este nombre en sus titulares, cumpliendo así el objetivo con el que había sido creado por Israel: disolver el horror, manipular la opinión pública internacional, convertir las masacres de civiles en un ejercicio necesario de autodefensa, el ataque indiscriminado en una intervención militar quirúrgica, la nueva arremetida en una guerra preventiva ineludible.

Es un cliché decir que la primera víctima de la guerra es la Verdad, como lo es decir que, antes de que comiencen a caer las bombas, cambian las palabras, el vocabulario. Y son precisamente los clichés y los lugares comunes los que reblandecen el lenguaje hasta dejarlo flácido, estéril. Por eso, urge resucitar las palabras, insuflarlas de vida, recuperar su esencia. Así que comencemos.

La guerra es un sistema cultural, un diálogo en el que el lenguaje más visible son las armas, pero que comienza con la construcción de un relato que presenta el recurso a la violencia como necesario, legítimo e inevitable. Un relato que mutará y se adaptará a los dictámenes de quienes medran en el poder, se lucran con él y lo monopolizan mediante el desgarro y la muerte de otras personas. La guerra se nutre y se retroalimenta con eufemismos, y se sofoca con el rigor de la palabra exacta. Cuando el periodista emplea los vocablos que engrasan la maquinaria bélica, se degrada para convertirse en propagandista. Cuando repite acríticamente las que difunden los actores armados, queda reducido a ser su altavoz. Y si alguno lo justifica, amparándose en una supuesta equidistancia o neutralidad, o es un cínico o un ignorante, ninguna de las dos opciones le exime de su responsabilidad. Precisamente, el periodismo de conflictos tiene la obligación de identificar los constructos que se presentan como el único sentido común posible, mostrar sus engranajes diseñados al servicio de la causa bélica y desactivarlos como un *hacker* al sacarlos a la luz. Los poderosos suelen tomar el poder mediante la palabra, el dinero y, a veces, las armas, y, en todos los casos, una de las primeras potestades que se arrogan en exclusividad es la de nombrar: pocos poderes hay más decisivos que el de monopolizar la autoridad de definir los conceptos, de designar las palabras. Por eso, el Ejército israelí tiene un departamento dedicado a crear el discurso y la nomenclatura que legitimen socialmente lo que está prohibido por el derecho internacional y proscrito por los valores humanos más universales. Y gracias a que buena parte de la prensa occidental ha reproducido acríticamente su particular diccionario –en el que los territorios ocupados son «territorios en disputa», un infanticidio es «una operación de legítima defensa», la resistencia armada es «terrorismo», las colonias son «asentamientos»…–, los palestinos han dejado de ser un pueblo ocupado y expulsado de sus tierras para quedar reducido a enemigos de Israel y una amenaza para las democracias occidentales.

Cuando en 2014 el Ejército israelí lanzó uno de sus ataques periódicos contra la Franja de Gaza, Majdya huyó con su marido y sus cuatro hijos a un barrio que el Gobierno israelí había designado como zona segura. Tras días encerrados en la casa de unos amigos, la mujer aprovechó el anuncio de un alto el fuego para salir a buscar comida con su niña. Apenas habían recorrido un centenar de metros cuando una bomba le desmembró las piernas a ella y le arrebató la vida a su pequeña de cinco años.

«Sigo soñando que me pide auxilio para que la desentierre de los cascotes». Nos lo dijo tres meses después de aquel instante, cuando su alma se quedó suspendida en algún lugar cuyas cotas de dolor son inefables para quienes no hemos visto reducidos a jirones de carne a quienes más amamos. Majdya estaba ingresada en un hospital de Jerusalén Este, la parte de la ciudad santa en la que, tras la creación del Estado israelí, fue arrinconada la población palestina. Durante semanas, el Gobierno de Tel Aviv rechazó la solicitud de los médicos de la Franja de que la mujer fuese trasladada a este centro palestino para recibir un tratamiento sin el cual quedaría condenada a una vida de insufribles dolores físicos, réplicas de la tortura que le acarreaba haber sobrevivido a su hija.

Waed la había llamado unos días antes de nuestro encuentro para preguntarle si podía visitarla con dos periodistas con los que había entablado relación tras contarles su propia historia –un colono asesinó de un disparo a su hermano de quince años–. Nunca sabremos si por gratitud hacia Waed o por no contrariarla, si por deferencia hacia los extranjeros o movida por la extraordinaria hospitalidad árabe, si impulsada por la necesidad del ser humano de poner palabras a lo innombrable o si por una mezcla de todo, Majdya aceptó. Lo que sí sabemos es que, al contrario que las víctimas de otros conflictos más recientes, los palestinos ya no aspiran a que su denuncia se transforme algún día en justicia: ninguna ignominia ha sido tan documentada y ninguna se ha agravado más a lo largo de las décadas. Y sin embargo, ahí estábamos nosotros, el fotoperiodista Álex Zapico y yo, a los pies de su cama, intentando dibujar en nuestro rostro un gesto acorde con la situación, dándole el pésame por su pérdida, las gracias por la entrevista, buscando algún tema con el cual empezar a construir el puente de complicidad necesario para iniciar la conversación privada con vocación de terminar siendo pública que es una entrevista, lo contrario de un interrogatorio, lo más parecido a entrar en un campo de minas. *Primum non nocere*; lo primero, no hacer daño. Ese mandato, que debería no solo presidir las facultades de Medicina sino también las de Periodismo, ¿podemos realmente cumplirlo cuando vamos a hacer aflorar el grito abismal del desgarro?

Zapico colocaba el trípode, la cámara, los micrófonos, mientras, de vez en cuando, buscaba las miradas de Majdya y Waed para comprobar que no las estaba incomodando. Yo explicaba a la mujer convaleciente que el objetivo de aquel encuentro era que contase lo que necesitase contar; que, si le planteaba algo que la incomodara, sencillamente ignorase la pregunta; que al final de la conversación la invitaría a añadir lo que quisiese; que, por favor, no se le quedase nada dentro. Y, entre tantas explicaciones, yo me volvía a preguntar, como en cada entrevista con supervivientes de graves violencias, por el sentido de hacer que alguien reviva el origen de la mayor de las heridas, si hay preguntas correctas para quien ha sufrido el asesinato de su hija, si es ético pedirle que ayude a documentar un crimen que, como decenas de miles antes, muy probablemente volverá a quedar en la impunidad. Una madre palestina narrando el asesinato de su criatura a manos del Ejército israelí. Otra más. Como las miles a las que les hemos pedido su relato desde que comenzó la ocupación en 1948. ¿Para qué si no iba a cambiar nada? Si ya todo el mundo sabe, si ella sabe que todos sabemos, si como ha demostrado, de nuevo, el genocidio que empezó a cometerse en Gaza en 2024, para la comunidad internacional hay territorios de sacrificio de la dignidad, contextos en los que la impunidad puede ser siempre aún más atroz.

Y, como en tantas otras ocasiones, mientras las dudas carcomían los consensos sobre los que construimos el oficio de periodista, fue la propia entrevistada la que se lanzó a hablar. Y hubo que pedirle unos segundos para terminar de colocarle bien el micrófono, para sentarme a su altura y que así pareciese que estaba mirando a cámara; para que quienes la vean a través de la pantalla sientan que les está hablando a ellos, para comprobar que todo funcionaba bien mientras su energía brotaba como la vibración de un géiser a punto de erupcionar. Porque, cuando todo se derrumba y solo queda desolación, cuando no hay horizonte de justicia ni causas que puedan justificar –ni siquiera explicar– lo inimaginable, lo único que queda es intentar poner palabras a lo inefable, tratar de describir lo indecible, traer de vuelta lo que ningún ser humano debería haber sufrido para ver si así, observando el impacto de su relato en la mirada del otro, cobra algún sentido. Cuando solo te rodea la impunidad, y esa es la realidad de la inmensa mayoría de las víctimas de delitos de lesa humanidad en todo el mundo, la salida natural para su desesperada y asfixiante necesidad de justicia es prestar testimonio, preservar así la memoria de la víctima, empujar un poco más lejos el olvido. Para muchos de los supervivientes, contarle lo ocurrido al periodista, hacer públicos los hechos para que sean trasladados a la sociedad, será lo más parecido que vivan a un proceso de verdad, justicia y reparación. Y lo saben.

«En los anteriores ataques ya habían matado a ocho miembros de mi familia. ¿Qué quieren de nosotros? ¿Por qué nos hacen esto? ¿Por qué mataron a mi hija?», nos repetía Majdya, como si nos legase unas preguntas cuya respuesta, por conocerla, la atormentasen aún más.

Las mismas preguntas, casi con las mismas palabras, que los periodistas escuchamos en todas las guerras, tan iguales en sus consecuencias, tan distintas o parecidas en sus causas, tan similares en su cronología: primero, el miedo; después, el odio, la criminalización, la violencia; por último, el exterminio. Todo ello arrastrado y envuelto por la más lacerante crueldad.

Y sin embargo, cada una de las personas que las verbaliza buscando la razón última de la atrocidad es única. Y tenemos que recordárnoslo porque, a veces, aunque nos cueste reconocerlo incluso ante nosotros mismos, podemos terminar por enmarañar su dolor con otros dolores, por sentirlo como un afluente más del caudal sangriento de la historia, por augurar lo que te van a decir con base en lo que tantos otros te dijeron antes: me violaron, me torturaron; mataron a mi esposo, a mi hijo, a mi mamá, a mi papá, a mi hermanito; los quemaron vivos, los enterraron vivos, los mutilaron delante de mí, los violaron ante mí; ojalá me hubieran hecho todo eso a mí, lo daría todo por que fueran ellos los que estuvieran vivos. Y sí, cuando hemos escuchado miles de veces el relato del más absoluto horror, podemos llegar a tomar registro del mismo y a la vez pensar: «Esto ya me lo contó la anterior entrevistada» o «Tengo ganas de volver a casa y ver a mis niños». O peor: «No va a haber quien me lo publique, es más de lo mismo». Esto puede pasar, y, cuando ocurre –hemos de aceptarlo–, es hora de guardar la grabadora y descansar para ver si la disonancia es fruto del cansancio o si, definitivamente, estamos invalidados para seguir desempeñando nuestra labor como periodistas.

+++

Genocidios, limpiezas étnicas, éxodos se han sucedido desde el inicio de la historia y el oficio de periodista consiste en contarlos desde la singularidad de cada una de las almas aplastadas y, a la vez, trascender lo individual para identificar las causas y a los responsables del sufrimiento colectivo. Impedir que el martirio de Majdya y de su hija se reduzca a «una nueva muerte», a «un asesinato más», como a veces se titula cuando la violencia sostenida en el tiempo se termina por asumir como ambiental, sistémica, estructural, inevitable. Y ese es siempre el objetivo de los perpetradores: que normalicemos sus actos; que, de tanto repetirlos, se conviertan en costumbre para que dejen de indignarnos, para que los aceptemos como la lógica de ese contexto, para que los interpretemos como el destino natural de esa comunidad; gente nacida para morir, para ser asesinada. Y la forma más eficaz de conseguir que las sociedades sean capaces de convivir con tanta crueldad es deshumanizar al colectivo afectado, reducirlo a «los otros», cuerpos y almas de valor inferior, las vidas que no merecen ser lloradas, en palabras de la filósofa Judith Butler. Así es como el Estado de Israel ha convencido a la mayor parte de su ciudadanía, mediante décadas de exterminio y de ocupación, de que el destino natural de los «animales humanos» palestinos –como los han llamado ministros y periodistas sionistas– es el de morir a manos de su Ejército, de que su muerte no solo no merece ser llorada, sino que ha de ser celebrada, porque son enemigos a batir.

Y nuestra principal herramienta para tratar de impedir que se imponga la era de la crueldad, para despertar la empatía y mover a la acción es la más frágil y la más potente: la palabra. Pero ¿pueden las palabras transmitir lo que entraña crecer en la mayor cárcel a cielo abierto del mundo? ¿Lo que supone sobrevivir sin apenas luz, agua ni electricidad, siendo bombardeados durante días, meses, años? Y si realmente pudiéramos hacer sentir a las audiencias lo que atraviesa a una madre que ve morir a sus hijos aplastados, ¿cambiarían las sociedades, serían justas las relaciones internacionales, viviríamos en un mundo mejor? ¿Bastaría entonces con sufrir el dolor ajeno, aunque fuese mediante una experiencia virtual? ¿No es eso acaso lo que hacen con nosotros las películas, las novelas, el teatro, cuando nos provocan conmoción, rabia, llanto o estupefacción? ¿Nos transforma el sentir? ¿Nos hace mejores personas la conciencia del dolor? Si resulta evidente que no basta, ¿cómo podemos promover la tan manida como crucial empatía? ¿Desde dónde podemos reconstruir la pisoteada dimensión humana del «otro»? ¿Qué mecanismos nos harán pasar de la compasión a la acción?

La literatura, de ficción y de no ficción, nos ofrece incontables ejemplos de relatos capaces de transmitir al lector las experiencias más vívidas. Aun así, las limitaciones en la representación de la atrocidad total que es la guerra llevan siendo objeto de debate y de reflexiones desde la *Ilíada*, la primera gran narración escrita sobre los conflictos armados. Pero incluso en el supuesto imposible de que cronistas y escritores fuésemos capaces de convertirnos en cable transmisor entre la vivencia y la palabra, ¿sería ético hacer que alguien pase por lo que nunca debería ocurrir?

Narrar para entender

Mientras el Ejército de Israel perpetraba un genocidio en la Franja de Gaza, el resto del mundo quedaba reducido a impotente espectador de la barbarie. El Gobierno de Netanyahu prohibió el acceso de los periodistas internacionales y fueron los reporteros y reporteras gazatíes sobre los que recayó en exclusiva la responsabilidad de documentar y trasladar al mundo las pruebas del exterminio de sus familiares y vecinos. Entretanto, ellos mismos eran ejecutados, uno tras otro, a veces junto a sus seres queridos, en su propia casa, en su oficina, cuando buscaban conexión a internet para enviar sus crónicas, cuando entrevistaban al personal sanitario en los hospitales, en las tiendas de campaña de los campos de refugiados donde dormían con su familia. Las tropas de ocupación sionistas los asesinaban sistemáticamente para impedir que siguieran recopilando pruebas de sus delitos, pero, sobre todo, que con su trabajo siguieran recordándole al mundo que sus víctimas eran seres humanos y no «terroristas», ni «enemigos neutralizados», ni «objetivos abatidos». Con sus imágenes, los periodistas palestinos evidenciaban que el Gobierno de Netanyahu mentía: casi el 26 por ciento de sus víctimas eran mujeres y el 44 por ciento eran niños y niñas –por tanto, era imposible que al menos ese 70 por ciento de palestinos fuesen combatientes–. Para contrarrestar esta evidencia, Israel intentó, una y otra vez, convencer a la prensa internacional de que en sus crónicas no utilizasen la palabra «niños», que la sustituyesen por «menores», ese eufemismo que la ultraderecha de todo el mundo emplea para aplacar la ternura y la compasión que evocan, automáticamente, los vocablos «niñas» y «niños». Muchos medios acataron su instrucción. Y nadie se estremece por el asesinato de un menor. Ni siquiera de muchos miles de «menores».

A pesar del bloqueo informativo, durante los primeros meses de genocidio algunos medios de comunicación informaron a diario de los bombardeos contra las escuelas en las que se refugiaban miles de familias, contra los hospitales en los que el personal sanitario tenía que amputar a los niños y niñas sin anestesia, contra las ambulancias cuando iban a auxiliar a los supervivientes, contra los automóviles de la prensa, contra los todoterrenos de las ONG internacionales o contra las colas del hambre –esas en las que cientos o miles de personas esperaban horas para recoger la escasa ayuda humanitaria que las autoridades israelíes, coordinadas con las egipcias, dejaban cruzar por el paso fronterizo de Rafah–. Mientras todo eso ocurría, mientras el Estado sionista se permitía violar todos los consensos y el escudo legal que levantamos tras la Segunda Guerra Mundial para contener el impulso de Saturno de devorar a sus hijos, a dos mil kilómetros de allí se gestaba la crisis humanitaria más grave en décadas. Sin embargo, sus víctimas ni siquiera morían bajo los focos de una indignada atención internacional, sino que eran tan insignificantes en el tablero geoestratégico, vidas tan desechables, tan prescindibles, que ni cuando las mataban a miles lograban ser tenidas en cuenta para aparecer en las portadas de los medios. Ni siquiera en su edición digital. Y aun así, cuando sus supervivientes se enteraron de que unos periodistas habían llegado a la frontera de Chad por la que huían de la guerra en Sudán, comenzaron a hacer cola para contarles, contarnos, lo ocurrido.

«Llegaron a al-Geneina y asesinaron a los hombres y a los niños»; «Dispararon a mi marido delante de mí, allí mismo lo mataron»; «Les cortaban el cuello con un cuchillo»; «Incendiaron los edificios en los que nos habíamos escondido»; «Cuando salimos huyendo, a las mujeres y niñas nos violaron delante de todo el mundo»;

«La gente se ahogaba cuando intentaba escapar cruzando el río»; «Llegamos aquí corriendo descalzos, sin nada, tenemos hambre»; «La semana pasada se me murió mi bebé, vengo a pedir comida para que no se me muera este también», nos decían, unas tras otros.

El 90 por ciento de quienes consiguieron huir de la guerra de Sudán a los países vecinos eran mujeres, niños y niñas, según datos de las Naciones Unidas. Durante las seis semanas que permanecimos el fotoperiodista Ricard García Vilanova y yo en la región fronteriza de Assoungha, un páramo tan parecido a tantos otros destierros de la humanidad, asistimos no solo a la desesperación por la falta de comida, agua y techo, sino también a la urgencia por ponerle palabras.

Cada vez que nos disponíamos a entrevistar a una persona, decenas se organizaban en filas para esperar su turno. Cuando le pedíamos a Ahmed Taha, el joven refugiado que trabajó como intérprete con nosotros, que les explicase que no representábamos a ninguna ONG y que el hecho de que nos prestasen su testimonio no iba a traducirse en una mejora de sus condiciones de vida, él, tras hacerlo, nos insistía en que lo sabían pero que necesitaban contar lo que les había ocurrido porque nadie se lo había preguntado aún. Lo cierto es que algunas ONG como Médicos Sin Fronteras habían destinado a varias decenas de psicólogos y psicólogas a los distintos campos de refugiados, pero era imposible que atendieran a las decenas de miles de personas que nos rodeaban, desesperadas por describir la monstruosidad de la que habían sido testigos, de la que lograron zafarse, que les seguía carcomiendo por dentro.

A veces, el periodista se convierte en un espejo para la persona entrevistada: al narrarle las escenas de lo ocurrido, el raciocinio de la víctima tiende a poner orden, coherencia y lógica a lo que no lo tiene. Así, al explicar, se lo explica a sí misma; al ser preguntada, recibe una condena implícita a lo que jamás debería haber sufrido; al ser escuchada, un reconocimiento de su dimensión humana después de que sus perpetradores la trataran a ella y a los suyos como subhumanos, y el resto del mundo, con su silencio cómplice, como si no existieran. Diversas investigaciones psicológicas han identificado que, en contextos de las más graves violaciones de derechos humanos, los síntomas del síndrome postraumático a veces se ven agravados por la imposibilidad de contar lo vivido. Por eso, la psicología emplea la narración como instrumento terapéutico: al contar y contarnos podemos empezar a entender, a asumir, a aceptar.

Y aunque los periodistas no podemos ni debemos sustituir a los psicólogos, sí debemos conocer y emplear algunas de sus técnicas para que las entrevistas sean, al menos, un espacio seguro y cuidadoso con las víctimas. Para ello, es básico el consentimiento informado: explicar a la persona entrevistada el objeto del encuentro y cuál va a ser el destino de su testimonio. Asimismo, cuando las condiciones lo permiten, tenemos que comenzar con preguntas de acercamiento, introductorias, que vayan creando la atmósfera, el *tempo* y el tono del encuentro; hay que alternar los picos de intensidad emocional con preguntas valle, en las que la persona entrevistada encuentre momentos de respiro para modular su estado de ánimo y reflexionar sus respuestas; cerciorarnos de que se encuentra cómoda con la dinámica preguntándoselo explícitamente; cerrar con preguntas abiertas que apunten al futuro para que la memoria del encuentro no se quede estancada en los momentos de mayor sufrimiento y vulnerabilidad. Una entrevista es un encuentro excepcional para la inmensa mayoría de las personas, por lo que suele quedar grabada en la memoria durante, al menos, un tiempo. Por ello, debemos asegurarnos de que su recuerdo no se convertirá en una carga adicional.

El periodismo consiste en investigar, ir al lugar de los hechos, observar, preguntar, contrastar, estudiar, volver a preguntar, analizar y contar. Pero, sobre todo, se fundamenta en observar y escuchar. Y a menudo, en estos contextos, el periodismo es también dar el pésame de mil maneras distintas. Y, a veces, callar. Como quien al entrar en la casa en la que se está celebrando un velatorio se descubre la cabeza, se toca el pecho como muestra de respeto y agacha la cabeza mientras susurra un «lo siento». Porque, en determinadas circunstancias, preguntar puede ser una forma de ejercer violencia. Porque, a veces, para obtener respuestas de quienes lo han perdido todo, lo ético, e incluso lo más eficaz, es permanecer en silencio y esperar. Como una noche de febrero de 2020 en Irak.

A mediados de 2019, decenas de miles de jóvenes, hartos de la falta de horizonte vital, del alto desempleo, de la corrupción, de unos servicios públicos destruidos, del sectarismo político, salieron a manifestarse por todo el país y acamparon en varias ciudades. En el caso de Bagdad, lo hicieron en la céntrica plaza de Tahrir. Las fuerzas de seguridad del Gobierno y francotiradores paramilitares respondieron al descontento con el asesinato de más de seiscientos manifestantes, la mayoría menores de edad. A medida que la protesta se extendía en el tiempo y que la lista de asesinados crecía, cada vez eran más los jóvenes procedentes de los arrabales de Bagdad y menos los universitarios de clase media. Muchos de ellos acudían en chanclas y pantalones cortos, coreaban «Queremos un país en el que vivir» y, cuando les preguntaba por qué se arriesgaban tanto, respondían que no tenían nada que perder. En el corazón de la movilización palpitaba una reclamación última: querían un empleo para poder pagar un alquiler, casarse, formar una familia, emanciparse, emprender una vida de adultos. La misma necesidad que convirtió 2019 en el año con más manifestaciones en todo el planeta desde 1968.

La diferencia con el resto de las movilizaciones es que, en Irak, las reivindicaciones de los jóvenes eran silenciadas con disparos de fusiles y, cuando las cifras de víctimas empezaron a llamar la atención de la comunidad internacional, el Gobierno ordenó a sus pistoleros emplear también armas de caza. De esta manera, perforaban el cuerpo de los muchachos con perdigones, agotando los escasos recursos sanitarios de los voluntarios que los atendían a la vez que contenían las cifras mortales de la masacre.

Pero hubo días, sobre todo al principio de la protesta, en que mataron hasta cuarenta y seis chavales, lo que llevó a los manifestantes a pasar de pedir reformas a exigir la caída del régimen impuesto por la invasión ilegal del Trío de las Azores en 2003. Habían pasado diecisiete años y los hijos de aquella guerra impulsada por Estados Unidos, Reino Unido, Portugal y España empezaban ahora esta revolución. Habían levantado una ciudad de tiendas de campaña en el centro de Bagdad en la que a diario se sucedían los debates sobre transiciones políticas, modelos económicos, igualdad de género, propuestas culturales. Al caer la tarde, el fotógrafo Ricard García Vilanova y yo nos dirigíamos a la calle en la que los adolescentes se encaramaban a la barricada que habían construido con bloques de hormigón para tirar piedras a los policías. Y cada día veíamos cómo, en pocos minutos, decenas de cuerpos se desplomaban por el impacto de las balas y de los botes de gas lacrimógeno que, disparados contra la cabeza de los jóvenes, acabaron con la vida de decenas de ellos. Entonces, un ejército de tuctucs acudían a su auxilio y los trasladaban a los hospitales de campaña, donde estudiantes de Medicina extraían la munición, colocaban torniquetes, cogían puntos y también certificaban muertes. Como la de Alaa, un muchacho de diecisiete años, que murió en el acto por un disparo en la cabeza. Cuando al día siguiente su primo nos llevó a la casa de sus padres, no hubo mucho que decir. Al final de una calle estrecha y flanqueada por riachuelos de aguas negras por la falta de alcantarillado, un retrato del crío iluminado por velas identificaba la casa en duelo. En la entrada, que hacía las veces de sala de estar, sentados sobre colchonetas en el suelo, bebimos en silencio un café con sus hermanos y con su padre, con quien Alaa trabajaba como mecánico. En la cocina, donde preparan la cena las mujeres, di el pésame a su prometida y a su madre, quien, cuando nos despedíamos, nos acompañó hasta la puerta de la calle. Entonces, alzó la voz con decisión, como queriendo que la escuchara todo el vecindario: «Estamos muy orgullosos de él, de que no aceptara vivir con la cabeza agachada». Y pareció que ella misma alzaba la cabeza y que se hacía más alta, inmensa, demasiado para su minúscula casa, al dictarnos una especie de epitafio para su hijo. Cuántas derrotas, condenas y mazmorras pueden hacer tambalear un puñado de palabras. Mensajes embotellados que, como periodistas, pasamos de mano en mano, tejiendo una red de testigos de las potencias más invisibilizadas de la condición humana. A menudo, sin necesidad de decir nosotros apenas nada. Por eso, no hay mejor periodista que el que sabe, sobre todo, ser oyente. Como con quienes acaban de huir de una guerra o de una crisis humanitaria y aún no han tenido tiempo siquiera de pensar en lo ocurrido, de recapitular lo vivido.

+++

En Adré, la primera población de Chad que pisaban quienes huían a pie del genocidio que estaba teniendo lugar en Darfur (Sudán), la visión era tan apocalíptica como recurrente en los exilios provocados por la guerra: decenas de miles de niños con ojos manando pus; cuerpos erupcionando yagas, ronchas, postillas; vientres abultados como globos a punto de estallar; el cabello, ralo y desteñido por la falta de nutrientes; y sobre ellos el sol del desierto, una bomba de hidrógeno pugnando por traspasar los cráneos e incendiarles los sesos con su temperatura extrema.

«Hay tantos países implicados en la guerra porque quieren nuestro oro. Darfur es una tierra rica en recursos. Nunca más volveré a creer en el sistema internacional de derechos humanos. Después de haberlo defendido y trabajado tanto por él, nos han dejado aquí tirados, sin ninguna protección. Los paramilitares entran a diario en el campamento, matan gente, persiguen a quienes los hemos denunciado ante instancias internacionales. Sois los únicos que habéis venido a preguntarnos qué nos ha pasado».

Assaig Abubakar es abogado, recopiló pruebas para la comisión de la Fiscalía de la Corte Penal Internacional que dictó una orden de detención contra el dictador Omar al-Bashir por el genocidio cometido entre 2003 y 2005 en Darfur, entre otros crímenes de guerra. Ahora, escondido en uno de los campos de refugiados establecidos en la frontera de Chad, este hombre de casi dos metros de altura, vestido con camisa azul y pantalón de pinzas gris, y dotado del aplomo de quien ha sobrevivido a varias últimas veces a lo largo de su vida, ya no espera nada de eso que se ha venido a llamar «comunidad internacional».

Aun así, necesita urgentemente hablar, y es un volcán: precisa identificar el origen del conflicto, sus causas, la evolución, las consecuencias; enumerar muertos —familiares, vecinos, conocidos—; describir escenarios futuros; advertir las repercusiones globales. Solo apaga su voz cuando le pedimos disculpas por tener que atender a las otras personas que esperan apiñadas bajo un sombrajo, igual de determinadas a no dejar que el desierto borre en el olvido a sus seres queridos. Y, como él, se sentarán y comenzarán su relato. Entonces los reporteros ven pasar ante sí un torrente de escenas tortuosas del que toca rescatar fechas, lugares y procedimientos con los que contrastar los hechos, identificar patrones, desechar los rumores, poner en cuarentena las valoraciones, vigilar los propios sesgos que buscan confirmar lo ya narrado, vivido o conocido. Quizá sea esto lo más difícil: la vigilancia de nuestros propios puntos ciegos, lo que no sabemos buscar ni ver. Y para conseguirlo, la periodista, el periodista, debe perseguir el descubrimiento del conocimiento desde una curiosidad genuina; ser oyente activo, una esponja que absorbe por los ojos, la boca, los poros, todo lo que la persona entrevistada necesita transmitir; convertir su cuerpo en una cripta en la que albergar los testimonios mientras esperan su turno de ser escuchados con la vocación de transformarse en justicia algún día. Y mientras eso ocurre –a sabiendas de que raramente lo hace–, el único consuelo es que cada una hagamos nuestra parte, como escribe Laura Casielles en su magnífico libro *Arena en los ojos*. En nuestro caso, y en aquella ocasión, cumplimos con nuestra responsabilidad: que sus historias se publicasen en numerosos medios y agencias de prensa. Pero si lo logramos fue gracias a que hicimos coincidir nuestra cobertura con el primer aniversario del comienzo de la guerra. A partir de entonces, cuanto más se alargue el conflicto, más se asentará la idea de que sus víctimas son seres condenados al hambre y a la guerra, que los sudaneses se mueren por miles periódicamente, como si se tratase de un fenómeno natural inevitable, ya sea por hambrunas o por machetazos. Y, de fondo, lo que pesa tanto que no necesita ser verbalizado: la concepción racista estructural que domina la visión del mundo occidental, esto es, que los sudaneses –como todos los africanos, los árabes, los sudamericanos, los asiáticos, «los otros» del Sur global, en definitiva, «los bárbaros», los «subhumanos»– no saben no matarse, no morirse de hambre ni vivir en democracia porque no están, no son, no han sido correctamente civilizados. Ese es el marco de interpretación dominante en las sociedades estadounidense y europeas; ese es el subtexto desde el que, a menudo, se leen, se ven y se escuchan nuestras crónicas. Y los periodistas occidentales debemos tenerlo presente para que nuestro trabajo diga lo que realmente escribimos o decimos, para que nuestras palabras desmonten incluso las falsedades que en absoluto incluimos y que, sin embargo, la ideología colonial dominante de nuestra sociedad añadirá, como una pátina inconsciente, a nuestras crónicas. Y también para transmitir que, aunque los medios de comunicación solo suelen informar de determinados contextos cuando los asola la calamidad, su población vive a diario sorteando y combatiendo su origen –que a menudo suelen ser la injusticia promovida o agravada por Occidente y su colonialismo– y construyendo futuro, progreso y paz. Por eso, quienes estamos convencidos de que no hay metodología más rigurosa para interpretar y narrar los hechos que la perspectiva de los derechos humanos, sabemos que no podemos aplicarlo sin una aproximación feminista y antirracista que nos permita identificar los actores y las dinámicas que agravan la desigualdad, el sexismo y la xenofobia que atraviesan todas las realidades. Y también estudiando, entrevistando y citando a las fuentes expertas e intelectuales del Sur global, que son las que mejor entienden esos contextos y, sobre todo, las corrientes que definen nuestro mundo en el que hace tiempo que «Occidente no se entera de nada», como tituló el ensayista y novelista Pankaj Mishra un análisis imprescindible publicado en 2024 por numerosos medios internacionales.

El mismo Occidente que, sumido en una decadencia ética, política e intelectual, tampoco ha mostrado ningún interés por la crisis humanitaria desatada por la guerra de Sudán, de las más graves en décadas: más de dos millones de personas refugiadas, una hambruna sin precedentes desde los años noventa, empleo de la violencia sexual como arma de guerra, decenas de miles de muertos. Para volver a ser «noticiables», a los sudaneses tendría que pasarles algo más: morirse o ser asesinados por decenas de miles, sufrir una epidemia de cólera o de ébola, que su destierro fuese arrasado por un fenómeno climático, que su conflicto incendiase la región. Y los sudaneses –así como los refugiados afganos encarcelados en las islas griegas, los malienses aislados por la guerra en sendas regiones de su país, los iraquíes baleados cuando se manifiestan para pedir trabajo y democracia, y todos los que viven cada día sin saber si será el último y, a veces, deseando que lo sea– saben que contarlo no impedirá que siga pasando y, aun así, no desaprovecharán su oportunidad de hablar porque no hay mandato más universal que impedir que el asesinato de un ser querido, la tortura, la violencia, la violación, el socavón de hambre en el estómago caigan en la impunidad, porque el último aliento es la esperanza de que se haga justicia, porque si no ¿qué?

Narrar para hacer justicia

En 2008 entrevisté en Guatemala a mujeres de la etnia itxil que habían sobrevivido a las peores atrocidades. Entre 1960 y 1996, la minoría blanca que sigue controlando el país centroamericano sostuvo una guerra civil con la guerrilla que quería poner fin al modelo impuesto desde la colonización española. Para acabar con ella y con su base social, la oligarquía cometió, con el apoyo de Estados Unidos, un genocidio contra la población indígena. La región de Baja Verapaz, una de las más aisladas y pobres de uno de los países más pobres del mundo, fue una de las más desangradas. En sus montañas, en cabañas camufladas por la arboleda, siguen viviendo algunas de sus supervivientes. Llegué a ellas de la mano de Manuela Tum, una mujer también indígena que se había convertido en trabajadora social por necesidad y cuya labor de acompañamiento había terminado siendo vital para muchas familias de la región. Tras convertirse en madre soltera por un hombre blanco que la abandonó cuando se enteró de que se había quedado embarazada, Manuela tuvo que buscar un empleo para sacar adelante a su criatura, a la que dejó al cuidado de su madre. Fue así como terminó encontrando la libertad y el sentido a su vida. «Ahora me doy cuenta de que si me hubiese casado, sería otra mujer maltratada e infeliz como mis seis hermanas», me dijo, tras días entrevistando a víctimas, niñas y adultas de todas las edades que habían sufrido cada una de las formas imaginables de violencia de género: física, sexual, psicológica, económica y cultural. Y, en algunos casos, todas a la vez. Con el morral colgado de la frente –como suelen portarlo los indígenas guatemaltecos para poder subir y bajar las escarpadas montañas con las manos libres–, Manuela nos abría el camino hasta las supervivientes.

Una de las primeras mujeres a las que visitamos fue Máxima García. Un par de gallinas picoteaban el patio de tierra sobre el que su familia había levantado la estancia de una sola habitación en la que vivía con su esposo y sus cinco hijos. Las paredes, construidas con tablones de madera, arrojaban rayos de sol por sus fisuras sobre las manos que, en su interior, palmeaban, rítmicamente, las tortillas de maíz. Plas, plas, plas. Un minuto sobre la plancha ardiendo, un huevo para los adultos, un trozo de queso para los niños y ya estaría preparada una de las dos comidas que pueden hacer al día.

El hambre atormenta y debilita a más de 733 millones de personas en el mundo, según datos de 2023 de las Naciones Unidas. Una forma de tortura que no ha dejado de crecer en los últimos años. Hay pocas memorias más vívidas que las de quienes han pasado hambre en la infancia, pocas vías más veloces para ver ante tus ojos cómo un adulto se transforma en niño cuando rememora el socavón en el estómago que no deja espacio para pensar en nada más que en el hambre, el hambre, el hambre.

Como a la mayoría de las mujeres del mundo, a Máxima se le estaba pasando buena parte de la vida pensando, buscando, cultivando y cocinando comida para sus seres queridos. No era fácil conseguirla y, a menudo, era ella la que se privaba del alimento para que a sus hijos no les faltara algo que llevarse a la boca. Cumplida su responsabilidad, la mujer de treinta y ocho años –con venas tan pronunciadas en las esqueléticas manos como las arrugas de su consumido rostro– ordenó a los niños que se alejasen unos metros de nosotras. No podía contar ante ellos el viaje que comenzaba casi treinta años atrás, en 1982. «Yo iba a llevar la comidita a mi suegro, como cada día. Cuando los soldados me pararon, me quitaron mi ropa. A mí me da vergüenza contarlo. Hacían cola. Me decían cosas horribles, como que yo soy animal, que no soy persona. Me dieron unas patadas en la barriga, yo estoy esperando mi bebé. Me violaron, ni me puedo quejar, solita estoy yo en la casa. Me levanté, pero ya no soy persona. Ni sentí cuando nació mi bebé. Nada, muerta estoy. La criatura nació torcida, murió a los tres días. Yo no aguanto mi dolor». Las palabras brotaban de su garganta mientras retorcía las cuentas rojas de su collar, cada vez más clavado en su cuello: «Cuando acabaron, me vestí y fui a casa de mi suegro. Allí me dijeron que habían matado a mi mamá. Fuimos a su casa. Violaron a mi mamá, le hicieron daño a mi mamá, ocho meses de embarazo tenía. La encontré así, la habían colgado», explicó, con los brazos abiertos en cruz. Y costaba no verla a ella crucificada.

¿Por qué Máxima dejó durante unas horas de producir jabones para vender en el mercado o de quitar las malas hierbas al maíz cuando, en su economía de guerra perpetua, unas horas menos de trabajo se traducen en un poco más de hambre? ¿Por qué contarle a una extraña lo que tardó veinte años en contarle a su esposo? ¿Por qué abrir en canal su intimidad cuando lo que ocurrió nada lo puede evitar ya?

Máxima ocultó su violación grupal hasta que a principios de la década de 2000 un grupo de abogadas y psicólogas llegó a Baja Verapaz para investigar lo ocurrido con los pueblos indígenas durante la dictadura de Efraín Ríos Montt, uno de los periodos más sangrientos del conflicto civil. Fue entonces cuando, poco a poco, tras muchos encuentros cargados de silencio, a las supervivientes les empezaron a aflorar las palabras, las imágenes, el espanto. Y fue así como, poco a poco, miles de mujeres de aldeas indígenas dispersas por toda Guatemala empezaron a relatar cómo los soldados habían llegado y las habían obligado a reunirse en las plazas, frente a las iglesias; cómo les gritaban que entregasen a los supuestos guerrilleros que escondían; cómo primero detenían a los hombres y les iban cortando trozos de las orejas, de los dedos, de los pies, de los brazos para que confesasen su presunta colaboración con la guerrilla y, después, cómo los lanzaban vivos a la hoguera para que hablasen quienes no querían seguir su destino; cómo estrellaban los cráneos de los bebés contra las rocas ante sus madres; cómo rajaban el vientre de las embarazadas y les arrancaban a los fetos, cómo ambos seres agonizaban ante quienes creían que, de solo ver lo que estaban viendo, terminarían muriendo, pero no; cómo sobrevivieron y nunca volvieron a hablar de nada de todo ello hasta ese momento; cómo a veces soñaban con los demonios llegando de nuevo, incendiándolo todo, y cómo entonces volvían a ver a su padre, madre, hijos, hermanas sufrir hasta morir de no poder seguir sufriendo, y cómo cayeron en un silencio tan insondable como su miedo por que volviera a repetirse; cómo les carcomía la culpa de haber sobrevivido a sus seres queridos y las perseguía el estigma universal de «haberse dejado violar» en vez de morirse, de «haber dejado torturar a sus familiares en vez de interponerse y morirse», del «a saber lo que habrán hecho para evitar que las matasen», del no haber optado por el único final digno: morirse.

¿Consiguen decir estas palabras lo que quiero decir, lo que ellas me dijeron? ¿Consiguen que veáis lo que yo veía cuando ellas me lo contaban? Nunca, ni de lejos, imposible. Pero sí pueden recrear una aproximación a la atmósfera del derrumbe del alma, la reverberación de los estertores de dolor por el ser querido arrancado, el puño retorciendo el esófago, el vientre oprimido, las ganas de morirse, esas que solo surgen de veras cuando lo único que se quiere es vivir. Pero para que la palabra, impotente ante lo inefable de la guerra, no se precipite como sus protagonistas en el abismo de la nada, para que el periodismo cumpla su función de convertir al otro en prójimo, en uno de los nuestros, y así despertar la empatía del receptor y moverle a la acción, este debe estar abierto a adentrarse en la búsqueda de su pálpito, leer una crónica, ver las noticias, escuchar el reportaje sonoro con la misma entrega de quien se sumerge en la poesía persiguiendo su verdad, como quien se adentra en una novela buscando experimentar otras vidas, como quien rastrea en las pinturas la esencia del alma de su modelo, con la fe de que en esa pieza periodística encontrará la explicación de todas las noticias de todos los infiernos pasados y los que están por llegar. No hay mayor pacto de confianza que el que se traba entre quien informa y quien atiende a esa información de manera consciente y activa. Pero cada vez nos cuesta más mantener la concentración en una sola actividad, y cada vez tenemos menos tiempo, y cada vez nos sentimos más asediados por las malas noticias, y más impotentes, y más frustrados, y más sobrepasados, y más pequeños; y cada vez hay más personas que optan por no saber, que evitan informarse, que apagan la televisión y la radio cuando comienzan los informativos, que han dejado de leer los periódicos, no por falta de empatía, sino por lo contrario: porque no pueden lidiar más con todo ese caudal de sufrimiento que se les queda dentro y con el que creen que no pueden hacer nada. Porque si el periodismo independiente, de calidad, honesto y veraz es un pilar de las sociedades democráticas es porque nos garantiza una participación responsable en la vida pública. Pero cada vez más personas se preguntan qué sentido tiene informarse si pareciera que hemos quedado reducidos a repositorios del dolor. Y aun así, informarse, y especialmente informarse sobre las violaciones más graves de los derechos humanos, es una forma de defender la democracia; de blindar nuestra humanidad; de sujetar un hilo invisible con el resto de los seres humanos, de decirles que sabemos que existen y que nos importan; de protegernos de lo que nos acartona –la indiferencia, la indolencia, la resignación–; de alentar la pulsión por la vida, que solo es plena cuando es compartida; y de recordar que la injusticia no es un fenómeno natural, sino el resultado de decisiones políticas que anteponen el lucro y el poder de unos pocos al bienestar de la mayoría. Informarse debilita a quienes nos quieren ignorantes, anestesiados y ajenos a lo importante para aumentar su capacidad de manipulación y, por tanto, su poder e impunidad. Mantenerse informados nos da un lugar en el mundo, nos ancla, nos responsabiliza y dota de sentido, valor y pertinencia a nuestras ideas y opiniones. La ignorancia, así sea elegida y motivada, nunca nos salva de nada, nos condena a la insustancialidad.

+++

Mientras entrevistaba a Máxima Emiliana García, las nubes empezaban a cubrir las cimas de los montes que nos rodeaban hasta envolvernos a nosotras mismas. En unas horas, como cada tarde, la lluvia regaría el bosque, las huertas y también, siempre, un poco, el interior de las casas. Por eso, cuando su marido llegó, lo primero que hizo, como cada día al volver del trabajo, fue recolocar las tablas del tejado. Máxima Emiliana calentó el café, nos dio un vaso a cada uno para aclimatar nuestro cuerpo al bochorno y una lluvia fina apaciguó nuestro ánimo.

Tras un rato de charla de acercamiento, le pregunté a Francisco Chen qué sintió y qué pensó cuando su mujer le contó que había sido violada por más de veinte soldados. «Bueno, todos los hombres estamos hechos de la misma carne, son cosas de la violencia, pero como no fue queriendo...». Y como no supo cómo acabar la frase, apagó su voz, entre avergonzado y confuso, probablemente porque no tenía claro qué sintió ni qué pensó cuando se abrió ante él lo inexpugnable: la brutal agresión contra su compañera y la madre de sus hijos, también contra el bebé que nació medio muerto, y contra él, porque eso es lo que perseguía el Ejército guatemalteco cuando violó de modo sistemático a las mujeres indígenas, miles de ellas, incluidas niñas: dañar al enemigo, humillarlo –desde su visión patriarcal– «mancillando» a sus mujeres, romper el tejido social, destruir la cohesión de la comunidad. El cuerpo de las mujeres como campo de batalla, otro de los conceptos desgastados por el uso y que, sin embargo, explican la depravación intrínseca de la guerra, pero también por qué para nosotras nunca llega una paz total. La violación, que casi nunca tiene que ver con el sexo y casi siempre con el poder y la violencia, y también con el desprecio por las mujeres, las subalternas para el orden patriarcal, las subhumanas, las cucarachas. Y de nuevo ahí, frente a mí, otra genealogía de supervivientes de la violencia sexual como arma de guerra, algunas conocidas durante la historia reciente –las bosnias de Srebrenica, las congoleñas de la guerra por el coltán, las republicanas de la guerra civil española, las chilenas, las argentinas, las uruguayas, las guatemaltecas, las salvadoreñas, las japonesas, las rusas, las alemanas de la Segunda Guerra Mundial; pero también tantas mujeres y niñas del Sur global a las que agreden durante su viaje migratorio a Europa y Estados Unidos–, y, por debajo, silenciosa, la más global, cotidiana, impune: la que ejercen maridos, padres, abuelos, tíos, hermanos, vecinos. La mayoría de las mujeres y niñas del mundo son supervivientes de una o varias formas de violencia, también sexual.

Por eso, Francisco está condensando la historia de las mujeres a lo largo de la historia con su «no fue queriendo». Un «no fue queriendo» que exime a los violadores, a los que una parte de la población sigue concibiendo como una manifestación incontrolable del hombre, resultado de una presunta falta de autocontrol y de una pulsión y una necesidad irrefrenables de sexo. Una concepción falsa, esencialista y exculpatoria que, además, presenta la violencia sexual como una expresión masculina consustancial al caos de la guerra. Pero en ese «no fue queriendo», Francisco también absolvía a Máxima Emiliana para, en el fondo, salvar la reputación de ambos. Ella le escuchaba hablar cabizbaja. Yo guardé silencio. Preguntarle a él por el trasfondo de sus palabras o a ella por el efecto que le causaban podría incumplir el más importante de los mandatos: «lo primero, no hacer daño». Ahondar en las raíces del estigma que persigue a las mujeres violadas, en un contexto en el que los mismos que las intentaron exterminar siguen ostentando el poder en el país, sin garantías de no repetición ni recursos para abordar un proceso de revisión del machismo que entraña ese «no fue queriendo», podría traducirse en una forma de violencia y coacción. Así de poderosas son las palabras. Pueden acompañar, aliviar, serenar e, incluso, ayudar a sanar tanto como violentar, agredir, reabrir heridas, matar. Tal es la responsabilidad que conlleva elegirlas. Y dependiendo de cuáles empleemos, podríamos terminar obteniendo información de una víctima mediante coacción, chantaje o presión. Y en eso se basa precisamente la tortura psicológica, uno de los delitos más graves. Por eso guardé silencio. También porque la entrevista necesita tiempos de aire, de bajamar, de reposo, de vuelta al lugar que cada uno ocupa en el juego de roles que implica antes de reiniciar el acercamiento. Pero Máxima tomó la palabra como quien mantiene un pulso, como se recompuso la falda veinte años antes, y con un aplomo renovado, duro como una piedra, señaló hacia dónde tenía que dirigirse el objeto de nuestro encuentro: «Ojalá haya juicio para Ríos Montt».

Máxima estaba escalando hasta la cima de toda su montaña de quebrantos y duelos porque sabía que la periodista que la escuchaba venía de un país donde un juez estaba valorando juzgar por delitos de lesa humanidad al responsable último de sus violaciones, del fallecimiento de su bebé, del asesinato y violación de su madre y de la muerte del que habría sido su hermano. Con su testimonio esperaba sembrar justicia.

Y fue capaz de hacerlo porque antes, con Manuela y el equipo de psicólogas que la habían visitado durante meses, esta mujer a la que el racismo estructural de su país había condenado a la pobreza, el analfabetismo y la violencia, constató que no fueron ni una, ni dos, ni tres, sino miles las que necesitaban sacar a la luz el zarpazo, y que al hacerlo resultaba evidente que las habían violado, vejado, torturado, mutilado y asesinado porque querían acabar con los pueblos originarios, y que los que tenían que ser señalados públicamente no eran ellas, las mujeres indígenas, sino ellos, los soldados agresores, su líder supremo en el momento del genocidio, el general Efraín Ríos Montt, y, sobre todo, la oligarquía blanca que sigue sometiendo a la mayoría de Guatemala. Esa minoría descendiente de los colonos españoles que, desde hace cinco siglos, no deja de esquilmar a sus pobladores originarios para recordarles su lugar en la escala social: esclavos, súbditos, vasallos. Y la función del periodismo es señalarlos con nombres y apellidos, porque el periodismo que se limita a describir el sufrimiento no es periodismo sino entretenimiento. El periodismo, además de las causas, tiene el deber de identificar a los causantes, con la vocación de convertirse en *notitia criminis*, es decir, en detonante de una investigación judicial. Aunque creamos que nunca va a ocurrir porque al señalar y perseguir ese objetivo también estamos invistiendo nuestro trabajo del sentido de justicia.

Aquel testimonio formó parte de un documental sobre todas las múltiples formas que adopta la violencia machista llamado *Guatemala. Mujer, violencia y silencio*. Fue entregado al juez de la Audiencia Nacional española Santiago Pedraz, quien, finalmente, en 2011 admitió la primera querella por crímenes de género como geno-

cidio en la causa en la que investigaba los crímenes cometidos durante la dictadura guatemalteca
contra la población civil. Desafortunadamente, el
juicio no se celebró porque el Gobierno de España sucumbió ante las presiones de los Ejecutivos
de China y de Israel, que tenían también causas
abiertas, para que derogase la ley que permitía
juzgar a los responsables de delitos de lesa humanidad cometidos en cualquier lugar del mundo.
Durante unos pocos años, España había sido un
faro de esperanza para decenas de miles de víctimas del mundo. Tras varios recortes en la llamada jurisdicción universal, en 2014 se apagó la luz
al final del túnel.

Pero, para entonces, el silencio ya se había res-
quebrajado en Guatemala gracias al arrojo de mujeres como Máxima y al acompañamiento de una
red de organizaciones nacionales e internacionales –quizá aún no seamos conscientes de la fuerza
transformadora que tiene el movimiento internacional de derechos humanos–. En 2013, Ríos
Montt se vería como ningún dictador es capaz de
imaginarse tras ostentar el poder: sentado en un
banquillo rindiendo cuentas ante cientos de mujeres pobres por las órdenes que dio a sus subor-
dinados. Es más, a sus noventa años, tuvo que
escuchar su condena por genocidio de boca de la
jueza Jazmín Barrios, que se atrevía a mantenerle
fija la mirada –a él, que hasta entonces había vi-

vido como un prohombre en Guatemala– y ro-
deado de muchas de sus víctimas que, conmovi-
das al escuchar lo que durante décadas parecía
imposible, comenzaron a cantar juntas:

> *Aquí solo queremos ser humanos.*
> *Comer, reír, enamorarse, vivir.*
> *Vivir la vida y no morirla.*
> *Aquí no lloró nadie.*
> *Aquí solo queremos ser humanas.*
> *Comer, reír, enamorarse, vivir.*
> *Vivir la vida y no morirla.*

Los versos del poema «Aquí solo queremos
ser humanos» fueron compuestos por el poeta y
guerrillero Otto René Castillo, quien fue captura-
do por las tropas gubernamentales, torturado
durante cinco días, fusilado y quemado junto a
trece campesinos acusados de colaborar con la
insurgencia en 1967. La versión musicada del
cantautor Fernando López se ha convertido en
un himno de la paz en Guatemala.

Máxima García me contó cómo le habían
quebrado la vida para que no quedase impune la
muerte de quienes, como ella, solo querían vivir
y ser tratados como lo que son: humanos. Por
eso, no hay lugar con mayor pulsión vital que allí
donde se libra una guerra o donde un pueblo le
acaba de poner fin y comienza a construir la paz:

porque quienes sobreviven empujan la vida por ellos y por sus muertos, y porque todo –las dentelladas de la metralla en los edificios, los túmulos recién excavados, las calles desiertas– exuda el peso de las ausencias y vibra con el ímpetu por la reconstrucción: con los escombros producidos por los bombardeos y con las cenizas de las casas incendiadas se levantan las nuevas ciudades y aldeas que albergarán a los recién nacidos. Milenios de guerras y seguimos sin entender que se puede exterminar a las personas, nunca a la vida.

Narrar para existir

De todos los sitios a los que el oficio de periodista podía llevarme en los días del verano de 2015, aquella estación de trenes medio derruida en la frontera entre Grecia y Macedonia se encontraba entre los más improbables. Sin embargo, cuando los faros del coche alumbraron un cauce de siluetas espectrales avanzando en medio de la noche cerrada, supe que me encontraba ante uno de esos escasos momentos en los que quienes siguen siendo tratados como números incluso cuando los asesinan por cientos o miles –«los nadies, que valen menos que las balas que los matan», en palabras de Eduardo Galeano– estaban, sin saberlo, acelerando en la Europa que no los quería un giro histórico. Se trataba de la avanzadilla de lo que se convertiría en las siguientes semanas en un éxodo de más de 1,2 millones de personas. Llegaban en barcazas desde Turquía huyendo de Siria, Irak y Afganistán, entre otros países, y la Unión Europea respondió asumiendo los postulados más racistas y bélicos contra las personas migrantes y refugiadas. En aquellos primeros naufragios a los que asistimos frente a las costas griegas se terminó de hundir la concepción de Europa como el territorio que buscó su salvación tras la Segunda Guerra Mundial en la defensa de los derechos humanos –llamaron «universal» a su declaración porque entonces nunca se imaginaron que pocas décadas después los habitantes de sus excolonias pudieran considerarse seres humanos en igualdad–. Aquel año, solo podíamos intuir el cambio de era que se estaba fraguando desde la crisis financiera de 2008. En los siguientes años, el auge de la ultraderecha en todo el continente terminaría por confirmarlo.

En agosto de 2015 me encontraba trabajando en Kosovo cuando leí en la prensa local que cientos de familias sirias estaban llegando a la estación de Gevgelija, en la frontera macedonia con Grecia. Después de conducir unas horas, ya de madrugada, me encontré en aquel lugar que terminaría ocupando cientos de portadas europeas en las siguientes semanas.

Pero en aquel momento aún no había llegado la prensa internacional, ni las ONG, ni ACNUR, la organización internacional de la ONU para las personas refugiadas. Por no haber, no había ni policía local. Solo cientos de hombres y mujeres que avanzaban lastimosamente, con mochilas a cuestas, cargando bebés en brazos, empujando carritos con niños dormidos, llevando de la mano a adolescentes exhaustos. Me pregunté cómo reaccionarían ante mi presencia después de haber tenido que huir de una guerra atroz frente a la cual los políticos a los que yo pagaba con mis impuestos no habían movido un dedo. Qué harían cuando me vieran caminar entre ellos, mientras dormían en los andenes intentando recuperar fuerzas, después de que mis representantes, elegidos en las urnas, los hubiesen forzado a jugarse la vida subiéndose en una barcaza en Turquía para poner a sus seres queridos a salvo en Europa, a cruzar Grecia a pie y todo lo que les esperaba: subir montañas, cruzar ríos, atravesar fronteras cerradas con alambradas de espino, tragar gases lacrimógenos de los policías que les cortarían el paso, esquivar a los nazis que los insultarían en estaciones y carreteras, alimentarse con las donaciones que miles de personas les entregarían a lo largo de la marcha mientras la decencia se plasmaba en pancartas por toda Europa con uno de los lemas más hermosos que se hayan pensado, «Refugees welcome». Un llamado a la hospitalidad, una de esas palabras que se emplea menos de lo que se practica y que sigue viva, invocando todo lo que entraña: generosidad, cuidados, amabilidad.

En ese contexto, y en medio de la noche, aparecía esta periodista, con su cámara dentro de la funda colgada del hombro, con un caminar cauteloso con el que intentaba decirles que ojalá mi mera presencia no resultase tan intrusiva y un *assalamu alaikum* (un saludo que en árabe significa «que la paz esté contigo»), casi susurrado a modo de pésame por todo lo que habían tenido que pasar. Ellos me contestaban *thank you*. El mismo «gracias» que, horas después, ya de día, me repetirían las personas, una tras otra, cuando las grababa mientras avanzaban hacia el norte, siguiendo las vías del tren. Un «gracias» que pronunciaban con convicción a la vez que asentían. Ellas, que habían sobrevivido a una guerra espeluznante en la que, en sus inicios, cientos de hombres abandonaron su oficio para grabar, fotografiar y alertar así al mundo de cómo los soldados del régimen de Bashar al-Asad los estaba matando sin recibir ningún apoyo internacional, esas mismas personas conservaban su confianza en el poder del periodismo a pesar de que no las había salvado de nada. Ellas, que sabían cuántos de sus vecinos habían muerto intentando enviar por satélite un vídeo del último hospital destruido, del último cementerio bombardeado, sabían que el periodismo no frena las bombas, pero sí recuerda al mundo que las personas sepultadas bajo los escombros existieron.

Cualquiera que haya presenciado un éxodo de refugiados sabe que la imagen es tan desconcertante que nunca estaremos seguros de si la estamos asimilando como real u observando desde el filtro de la ficción que hemos interiorizado tras décadas viéndola en el cine. Familias enteras con, en el mejor de los casos, una mochila o una maleta con algunas pertenencias, avanzando a pie, como en esta frontera griega, o descendiendo de camiones, como cuando las vi llegar a Jordania procedentes de Siria, o desembarcando de lanchas, como las observé en la costa de Pemba, en Mozambique, tras huir por mar del mayor atentado islamista cometido en África Oriental. Se trata de una de las pocas huidas que, contemplada como testigos, parece transcurrir a cámara lenta, ralentizada por las imágenes que añadimos mentalmente para entender la historia completa: las escenas del zarpazo de saberse en peligro; las decisiones autómatas de guardar la documentación, los móviles, si acaso, una muda; el callejero mental para tomar la mejor ruta de escape; el horizonte en blanco de no saber cuándo volverás a sentirte a salvo; el miedo empujándote a buscar una salida y ralentizándote el pensamiento, el temblor de las piernas, de la mandíbula, de las manos; la precisión para coger a los hijos, encajarlos en el cuadril, arrastrar a los mayores de la mano. Para la mayoría de los refugiados del mundo pasarán meses antes de que logren lo mínimo para subsistir y de tener tiempo para sufrir por el hogar perdido, años para dejarse atravesar por la melancolía por las fotografías perdidas. ¿Cuándo asoma la certeza de que no hay retorno posible? ¿Cuándo la aceptación de que ya nunca jamás se será la misma persona?

Todo eso carga cada ser humano expulsado de su hogar por la guerra, por la violencia, por la falta de oportunidades, por la miseria. Y nuestra forma de aproximarnos, de narrarlos, de fotografiarlos, de mostrarlos, debe reconocer y retratar toda esa fuerza, esa experiencia y ese arrojo que les ha permitido sortear los obstáculos hasta llegar ahí. El enfoque de fortalezas, empleado en disciplinas como el trabajo social, nos permite entender, relacionarnos y comprender a las personas en situaciones vulnerables desde su capacidad de supervivencia en lugar de desde los momentos de mayor fragilidad. Una aproximación que nos da muchas más claves para entender su historia de vida –qué factores influyeron en su situación, quiénes sacaron rédito de ella, qué estrategias adoptaron para sortear las dificultades, cómo se podría evitar que se repitan– y, por tanto, mucho más enriquecedora para nuestros destinatarios. Pero, sobre todo, desentrañar la vida desde las fortalezas nos aporta un retrato mucho más complejo, rico y riguroso de la realidad que queremos explicar. Porque incluso en los escenarios más extremos, tenemos un margen de maniobra, una capacidad mínima de acción, de resistencia, de empuje, que el periodista debe reflejar porque nos define como seres humanos, nos individualiza como personas, y porque reconoce nuestra intrínseca dignidad.

Por otra parte, si hay alguien que, salvo causas mayores, no se va a perder el reportaje que le vamos a dedicar es su protagonista. Así tenga que pedir prestado un móvil con conexión a internet, utilizar una aplicación de traducción o pedir a alguien que se lo lea si no sabe leer. Porque no hay nada más humano que querer saber cómo nos ve el otro, qué impronta le hemos dejado, qué interpretación ha hecho de nuestro relato. Y el reflejo que le devolvamos de nuestro encuentro puede ser un reconocimiento de su tesón, de su aguante, de su resiliencia. O puede ser una caricatura, una afrenta o, incluso, la gota que haga trastabillar el delicado equilibrio que le permite seguir adelante cuando construimos relatos lastimeros, victimistas y que los reducen a sujetos al albur de las circunstancias, gente que solo nos interesa por su dolor, a los que solo entrevistamos para que describan las circunstancias de su padecimiento, pero no para que compartan su análisis de las causas, para lo que recurriremos a una fuente experta, normalmente blanca, de alguna entidad social, a quienes le otorgamos la *auctoritas* para analizar su realidad. Esa ha sido la forma tradicional de acercarnos a estas realidades en el Norte global y, además de obscenamente racista, produce informaciones falsas, maniqueas e insultantes. Ser víctima no entraña ser buena persona ni una posición moral superior, ser víctima es una categoría legal que identifica a quienes han visto sus derechos vulnerados o han sufrido algún tipo de delito. Una víctima puede ser un ser humano execrable. Tanto como para que en muchas ocasiones haya sido también un victimario. Por eso, descartemos los relatos que adornan a la víctima con adjetivos morales porque suelen surgir de una mirada de superioridad que cree que, para ser realmente merecedor de justicia y compasión, el damnificado ha de ser algo mejor que el resto, cuando no casi una especie de ser de luz. Si hay un paradigma que nos permite entender la realidad es el que abraza la complejidad, recoge las incoherencias y reconoce las contradicciones: porque solo tras atravesar una jungla de matices llegaremos al claro más parecido que como cronistas podemos llamar «verdad». Un caleidoscopio compuesto por hechos, testimonios, pruebas, estudio, documentación, más hechos, más testimonios, más pruebas y así hasta que lleguemos a la conclusión de que es lo máximo que vamos a poder ahondar, recapitular, comprender, contrastar.

+++

El hombre anciano avanzaba ayudado por una muleta. Alto, delgado, de rostro anguloso, con la piel del color de una piedra oscura a la sombra: grisácea, mate, muerta. La pernera derecha del pantalón gris de pinzas cosida a la altura de donde hubo una rodilla. La mano izquierda arrastrando una maleta vieja atada a una cuerda. Cuando el equipaje se atasca entre las piedras que circundan las vías del tren, da un tirón y prosigue el peregrinaje. Le pregunto con la mirada si puedo grabar. Asiente y se esfuerza, sin éxito, por sonreír. Un golpe seco nos sobresalta antes de que aflore un llanto. Tras el anciano, una niña de apenas cuatro años ha tropezado y se ha caído. Es su nieta.

No me atrevo a preguntarle qué fue de sus padres, cómo ha sido viajar cientos de kilómetros a su edad, con una criatura y sin una pierna. Me dice que se llama Muath, que han conseguido escapar de Alepo, Siria. Y al llegar a la Unión Europea, uno de los territorios más boyantes y pacíficos del mundo, se vieron obligados a buscar un lugar seguro así –y, para desarrollar las circunstancias que engloban ese «así», harían falta cien libros y nos faltarían páginas para describir tanta indignidad e infamia–.

Me acerqué a ellos para ayudar a Salma a levantarse y Muath me dio las gracias. He sentido infinidad de veces vergüenza por ser europea, consciente de la historia criminal que seguimos perpetrando hoy. Pero hasta ese día pensaba que ser periodista me ayudaba a trampear la impotencia, que el espejismo de convencerme de que, al menos, dedico mi tiempo y esfuerzo a explicar que no deberíamos permitir toda esta injusticia y sufrimiento, me hacía más llevadera la crueldad que nos rodea. Sin embargo, desde aquel día creo que el periodismo me sirve, sobre todo, para lidiar con la vergüenza por tanta indecencia.

Escenas como esta se repetirían en las siguientes semanas en todos los países de los Balcanes hasta llegar a Alemania, donde fueron acogidas más de un millón de personas refugiadas mientras la mayoría del resto de los Estados miembros de la Unión Europea regateaban para aceptar la menor cantidad posible. A las cifras comprometidas las llamaron «cuotas», un eufemismo que vimos repetido en infinidad de titulares aquellos días. Se cumplía así con el objetivo con el que los dirigentes políticos lo habían elegido: diluir su responsabilidad de cumplir con el derecho internacional y dar asilo a todas las personas que cumplían con los requisitos y que no eran solo las familias sirias, sino también las iraquíes, afganas, etíopes, paquistaníes y bangladesíes, por citar solo algunas de las nacionalidades con las que me encontré aquellos días, que huyeron de territorios llenos de violencia y vacíos de oportunidades en busca de la posibilidad de un futuro.

El periodismo consiste también en descifrar el lenguaje del poder, desbrozarlo de palabrería y filibusterismo, hasta dejarlo en las ideas y los hechos propuestos. Antes de las *fake news* ya lidiábamos a diario con la mentira. Antes de que hubiese fábricas de bots intoxicando el debate público, la manipulación y la falacia ya dominaban el debate político en las más altas instancias. Palabras que se estrellaban contra el cuerpo de personas reales como Salma, que entonces eran «cuotas» y, apenas diez años después, son señaladas como «amenaza» y «enemigas» por gobernantes de numerosos países. El lenguaje es el caballo de Troya de quienes quieren arrastrarnos a la era de la crueldad. Pensamos, interpretamos, percibimos y vemos como hablamos, como nombramos. Los seres humanos y la palabra son la materia prima con la que trabajamos. Al narrar los hechos, legitimamos relatos. Por ética, responsabilidad y profesionalidad, creemos una lengua que fomente el entendimiento, la convivencia y la paz. Frente a su crueldad, reivindiquemos la humanidad.

Narrar para construir paz

El hombre grita. A veces, balbucea palabras ininteligibles. Alrededor, una enredadera de brazos lo cargan de la *pick-up* a la ambulancia. Las voces de los paramédicos y los soldados quedan amortiguadas por el sonido de los bombardeos. El conductor arranca, el hombre resucita para pedir que le den algo para el dolor, el auxiliar le ausculta el pecho, el paciente apenas respira, el voluntario estadounidense le inyecta medicamentos, le mete varios paquetes de gasa enrollada en la perforación de la ingle, la ambulancia salta sobre los socavones abiertos por los bombardeos, el hombre deja de revolcarse, lo trasladan inconsciente al hospital de campaña, muere a los pocos minutos.

El soldado de poco más de treinta años, robusto, alto, pelirrojo, un guerrero vikingo, ha fallecido, según todos los síntomas, por la onda expansiva de un mortero que le ha reventado por dentro. El impacto contra los pulmones le ha provocado un colapso que le ha hinchado súbitamente el vientre. Ahí es donde la sangre se le ha concentrado. No ha habido estertores ni convulsiones. Sencillamente, murió. Por fuera, sigue siendo el mismo, quizá algo más mortecino. Por dentro, la amalgama de detritus en la que la guerra convierte a los hombres.

A un kilómetro del frente de Bajmut, rodeados de un manto blanco de nieve, no paran de llegar todoterrenos con los soldados ucranianos que acaban de ser heridos en la batalla contra sus vecinos rusos. Desde allí los trasladan a hospitales de campaña los paramédicos del ejército y también voluntarios de la ONG Road to Relief, fundada por la española Emma Igual –que sería asesinada, un año después, junto a otro activista, por un misil ruso que impactó contra su vehículo–. Los militares que llegan en un estado más grave parecen desmadejados, con las piernas colgando de la camilla y los torniquetes atándoles a la vida. Los que llegan conscientes se dividen entre los que se refugian en un silencio de plomo, los que no dejan de hablar para intentar olvidarse del dolor durante un rato y los que imploran, entre susurros, que no sea el final.

«En cuanto entran en calor, se duermen. Llevan días sin pegar ojo», me dice un veterinario convertido en paramédico por la guerra. «Antes trabajaba en granjas porcinas, ahora esos conocimientos los aplico a las personas», me dice con retranca, uno de los búnkeres emocionales más socorridos en cualquier guerra.

Encerrados en una de las ambulancias, aguardamos a que lleguen más heridos para dirigirnos al hospital. Escasean los vehículos medicalizados y, dependiendo de la gravedad de los casos, deciden si se puede esperar para que el puesto no se quede desprovisto de atención médica.

Enfrente de nosotros, un hombre de unos cuarenta años dormita sentado y envuelto en una manta térmica. Ha intentado resistirse hasta que lo ha vencido el agotamiento. Su rostro afilado y su mirada perdida son un agujero negro. «Soy artillero. Cuando escuché el dron, supe que me había localizado. Salí corriendo y el tanque empezó a dispararme. El dron volvió a encontrarme y ya supe que, tarde o temprano, me alcanzaría», explica cuando se despierta sobresaltado, con el torniquete clavado en el bíceps. «Vienen aterrados con el sonido del dron, saben que, en cuanto lo escuchan, están muertos», añade el veterinario-ahora-médico, que se arrodilla ante él para retirarle las botas y colocarle unas plantillas químicas que proporcionan calor al pisarlas. Se las han enviado unos amigos desde Alemania. La escena es del tipo de belleza que solo concita la ternura.

Fuera, el cadáver de un soldado, envuelto en una bolsa de plástico negro, espera sobre la nieve ser recogido por el furgón que recorre el frente solo con esa función. Las furgonetas verdes siguen llegando, muchas de ellas tan herrumbrosas que acentúan el aspecto arcaico de la escena. En las primeras líneas del frente, cuando el enfrentamiento es de trinchera a trinchera, la guerra sigue funcionando igual que la más antigua de las batallas: barro, sangre, excrementos, vísceras, sueño, hambre, miedo. La introducción de avances tecnológicos como los drones y otros robots asesinos solo ha reducido las posibilidades de los soldados, de los trabajadores humanitarios, de los periodistas y de la población civil de sobrevivir. Ese es el paradigma en el que opera la mal llamada «inteligencia quirúrgica» de la tecnología militar.

Un joven recluta nos avisa de que en breve llegarán siete heridos. Dos de ellos se bajan por su propio pie de la *pick-up*. Suben a la ambulancia. Al fondo, en la zona pegada a la espalda del conductor, se sienta uno y cierra los ojos. En la camilla, se apoya el otro. Mantiene la espalda erguida. «Nos cayó un mortero en la trinchera. Siento que me tiembla la cabeza y todo el cuerpo. Él es nuestro comandante», dice, señalándole, con respeto.

En el hospital de campaña, otros soldados los reciben, los cargan, los meten en una consulta, cierran la puerta. En el pasillo, sentados sobre cajas de medicinas y de latas de comida, hombres con la cabeza vendada esperan en sillas de ruedas, con muletas, en camillas. Visten los uniformes con los que combatieron. Las manchas del estampado de camuflaje no se distinguen de las de barro y sangre. Los médicos corren de un lugar a otro con las mismas ojeras que los soldados. Una habitación con una fiambrera con zanahoria rallada y latas de legumbres sobre una mesa cumple las funciones de comedor. Todo el mundo engulle de pie, rápido, en un plato de plástico. «Ayer tuvimos doscientos heridos», dice un soldado antes de salir corriendo.

De vuelta al punto de recogida, Alexéi limpia la sangre de una de las ambulancias. «Cuando los trasladamos heridos al hospital, suelen mencionar a sus hijos, a su madre, a su esposa», apunta, antes de sacarse el móvil del bolsillo y enseñarme fotos de sus dos hijas y de su mujer. En cuanto se declaró el conflicto, ellas se refugiaron en Polonia y él ya hace bastante tiempo que evita pensar cuándo podrá volver a vivir con ellas.

¿Cuántos años de vida puede robar una guerra? ¿Cuándo lo que ocurre en la guerra deja de ser considerado extraordinario y pasa a formar parte del *continuum* de experiencias que conforman una vida?

A un centenar de metros asoman tanques cubiertos de tela de camuflaje blanca con soldados vestidos del mismo color de la nieve que no ha dejado de caer en todo el día. A su paso, dejan atrás las grandes vallas publicitarias que pueblan las carreteras de Ucrania con soldados mirando aguerridamente a la cámara. Cuanto más se alejan de la propaganda con la que el Gobierno busca mantener alta la moral de la tropa, más cerca se escuchan las explosiones de mortero.

Narrar la guerra desde la perspectiva de los derechos humanos es mostrar cómo, mientras las directrices políticas destinan importantes recursos a reproducir un relato épico del conflicto, lo único que quieren las y los combatientes es salir vivos de la trinchera, y la ciudadanía que su vida deje de estar amenazada cuanto antes. Y que, mientras que tradicionalmente se ha vinculado la idea del heroísmo a lo que sucede en el frente –donde la gran épica es la ternura con la que se cuidan, consuelan y protegen unos soldados a los otros–, lo realmente valioso, difícil y extraordinario tiene lugar en la retaguardia, donde se preserva la vida de quienes los asedian produciendo muerte: la resolución con la que los civiles –en su mayoría, mujeres– convierten los muebles en combustible para obrar el milagro de los panes y los peces, y convertir un puñado de latas de conservas en comida suficiente para alimentar a los habitantes de todo un bloque de viviendas durante semanas de asedio; el arrojo de quienes se adentran en las poblaciones castigadas por los combates para rescatar a los ancianos que quedaron atrapados; la generosidad de quienes convierten su casa en refugio; y también quienes, en medio del fervor bélico, del enaltecimiento de la muerte por la patria, del sacrificio debido por el país, del orgullo militarista, se atreven a alzar la voz y recordar que toda guerra termina en una mesa de negociación, que cuanto antes se alcance un acuerdo antes acabarán las masacres como la de Bucha, la sangría de vidas inocentes, las violaciones como arma de guerra, los velatorios diarios de viudas y huérfanos, el torrente de infancias traumatizadas, la proliferación de cementerios, el descalabre económico, el frío, el hambre y esa inmensa pena que tardará generaciones en superarse.

Como la que arrastra Arina cuando se baja del coche y se acerca a la cruz de la tumba de su hijo para besar su foto. Busca sostén en la mano de su marido para no tropezar con los túmulos. Hace apenas una semana que las autoridades abrieron una explanada junto al pequeño cementerio –situado en una aldea cercana a Kramatorsk– y apenas si caben ya un par de sepulturas. El color refulgente de las banderas recién estrenadas y de las flores de plástico recién colocadas, acentuado por la blancura del paisaje nevado, impregna el cementerio de un ambiente tan llamativo como tétrico: abajo, los cadáveres aún frescos de los jóvenes; arriba, la aviación rusa rasgando con su crujido mortífero la barrera del sonido.

A una decena de metros, el sepulturero nos observa desde la casetilla en la que se protege del frío. Sorprende lo lento que parece transcurrir todo en la guerra, salvo los proyectiles. Los soldados caminan trabajosamente por la nieve, los tanques avanzan pesados por los carriles, los desplazados cargan lastimosamente sus pertenencias en las furgonetas, las madres se vuelven ancianas en los pasos que las llevan a la tumba de sus hijos.

«Que hagan lo que sea necesario para parar esta guerra. Mi hijo era contable, no era soldado, no debió morir así», me dice la mujer. Vuelve a besar la foto de su hijo y se marcha junto a su esposo –que permanece callado y cabizbajo–. Lo hacen en un herrumbroso Lada, la emblemática marca soviética de coches que siguen conduciendo los más humildes de Ucrania cuarenta años después de que cayese el telón de acero. En Donbás, una de las regiones más afectadas por la desindustrialización, con más vínculos con Rusia y donde la guerra comenzó en 2014, son muchos los que no entienden qué hacen matándose con sus primos hermanos.

Tradicionalmente, el relato bélico ha oscilado entre la épica y la elegía. Así es como a lo largo de la historia se ha asentado la falacia de que la guerra es una manifestación inherente e irreprimible del ser humano, casi un fenómeno natural inevitable. Y la función del periodismo es demostrar que no lo es, señalando a sus responsables y las alternativas que ofrecen el diálogo, la negociación y los acuerdos de paz.

No obstante, cuando todo lo que te rodea es el sufrimiento, el miedo, la injusticia, el caos y el horror estrellándose contra la vida de adultos, niños y niñas no combatientes y, por tanto, incuestionablemente inocentes, es humano y comprensible terminar identificándose con ellos, deshumanizar a los «contrarios» –olvidando que también entre ellos hay civiles– e, incluso, reproducir en nuestra narración la aproximación belicista que alienta la violencia, legitima el sentimiento de venganza, restituye concepciones que creíamos superadas, como el ojo por ojo, y justifica los abusos y crímenes cometidos por la facción con la que nos sentimos afines. Y, a la vez, tan importante es ser consciente de los propios sesgos, del papel que desempeñan las relaciones de afecto y la cercanía emocional, como no jugar a una falsa objetividad o equidistancia que, cuando estamos hablando de graves violaciones de derechos humanos, además de cínica, es criminal.

El marco de los derechos humanos y del derecho internacional humanitario nos aporta una metodología para analizar los hechos y ejercer un periodismo tan veraz como riguroso gracias a unos baremos consensuados a escala global. Contamos con unas reglas claras que nos permiten identificar los delitos que pueden constituir las acciones que documentamos, así como a sus perpetradores y a sus víctimas. Y, como informadores, debemos recogerlo con claridad en nuestro trabajo, porque ese es nuestro deber deontológico, nuestra función social, y porque así es como nuestro oficio llama a las puertas de la justicia internacional.

Y, para conseguirlo, los periodistas hemos de recordarnos continuamente que el periodismo es lo contrario de la neutralidad, pero también de la propaganda, y que, para cumplir esa obviedad, no solo hay que estar vigilantes ante quienes intentan manipularnos –que en el fondo son casi todos, porque todos nos contamos nuestra verdad que justifica nuestra forma de pensar y actuar–, sino, sobre todo y especialmente, ante las emociones, prejuicios y preconcepciones de nosotros mismos para no terminar trabajando al servicio de la guerra, ese tornado que se retroalimenta y lo engulle todo. Y cada vez más.

El desarrollo de la industria armamentística como pilar de la economía estadounidense y de su expansión imperialista a partir de la Segunda Guerra Mundial –y de Rusia y China, que tan bien han seguido su ejemplo en las últimas décadas– ha provocado que la guerra haya pasado de ser un mecanismo de resolución de conflictos a uno de los negocios más lucrativos del mundo. Como apuntaba en el siglo XIX el general prusiano y ensayista sobre la guerra Carl von Clausewitz: «Cuando la guerra no tiene objetivos políticos se convierte en una espiral de destrucción sin límites». En este sentido, para que el periodismo cumpla su función transformadora, y sus profesionales no quedemos reducidos a escribanos del horror, debe concebirse como un dique de contención de la sinrazón. Y para eso, en un mundo dominado por la deshumanización del otro –del extranjero, del desconocido, del pobre–, es imprescindible devolver la dimensión personal e individual de quienes se ven arrastrados por la guerra, buscar los detalles que hace único a cada ser humano; el rasgo, el objeto o la historia que, si quedásemos reducidos a jirones, podrían describirnos en un titular. Y ese rehumanizar incluye desmontar la idea del enemigo, sobre la que se sustenta la idea misma de la guerra, como constaté en Malí.

Aterricé en este país, en guerra desde 2012, tras pasar un par de meses cubriendo la invasión rusa de Ucrania. Era finales de 2022, la junta militar que controlaba este país estratégico en el Sahel acababa de expulsar a las tropas europeas, lideradas por el Ejército francés, y las banderas rusas proliferaban en las fachadas de edificios civiles, en las gasolineras y, especialmente, en los campos de personas desplazadas por el conflicto. Como en el de Faladié Garbal, donde sobreviven más de 3.500 almas en chabolas levantadas, literalmente, sobre el principal vertedero de la capital del país.

«Todas estas familias que ves llegaron hasta aquí huyendo de los ataques de los grupos yihadistas, pero también de las milicias de autodefensa de otros grupos étnicos y del ejército. Además, como la mayoría de los yihadistas en Malí son, como ellos, de la etnia peul, las otras comunidades y el Estado los acusan de ser terroristas. Son víctimas y los tratan como sospechosos. Y siguen llegando nuevas familias casi cada día. La guerra no cesa». Moctar Cisse hablaba atropelladamente mientras nos mostraba el campo.

Este hombre de cuarenta años había trabajado toda la vida como guía turístico en su ciudad natal, Mopti, conocida como la Venecia maliense. Durante la década de 2000, Malí llegó a recibir la visita de más de doscientos mil extranjeros cada año. Pero a partir de 2011, con la caída del régimen de Muamar el Gadafi y el comienzo de la guerra de Libia, la situación de toda la región empeoró y los conflictos se multiplicaron. Tras probar suerte en distintos oficios, Moctar terminó trabajando para una pequeña asociación que había levantado una escuela y un comedor para los más de dos mil niños y niñas que sobrevivían en el campo.

Y a unos metros de allí, Djénéba Diallo hervía un puñado de arroz con especias. Sería la cena de sus seis hijos, de su esposo y de ella, a no ser que un día más se quedase sin comer para que a los pequeños les tocase algo más. La mujer tenía entonces treinta y cuatro años, un dato que no aporta nada en relación con este contexto y con la mayoría de los contextos del mundo si se lee desde la burbuja de bienestar mínimo que damos por sentada una parte de la ciudadanía del Norte global. Por el contrario, la única certeza que albergaba Djénéba era que no podía explicarse cómo ella y su familia seguían con vida. «Ocho familiares murieron cuando huíamos de nuestra comunidad. Se subieron a un camión que estalló por unos explosivos», nos explicó sentada sobre un cubo y cubierta por el plástico bajo el que vive. «Si no fuese por los niños, nos habríamos quedado allí porque, al venirnos, lo hemos perdido todo, aquí no tenemos nada. Pero teníamos mucho miedo de lo que les pudiera pasar», explicaba con los pies desnudos, hundidos en el mismo barro sobre el que, cada noche, desde 2018, extiende una lona para dormir junto a su esposo y su prole. Alrededor, montañas y montañas de basura entre la que malviven, gracias a la cual sobreviven. Mujeres y niños separan los desechos para que los hombres vendan el papel, el plástico, el metal. Siempre es así. En los países empobrecidos de los cinco continentes, los vertederos son también urbes dinámicas en las que habitan y trabajan los más desamparados. Hay pocas visiones más paralizantes que ver a niños y niñas pugnando con los buitres, las vacas y las gallinas por un resto de comida putrefacta o por un pedazo de periódico que los animales intentan deglutir mientras los pequeños luchan por arrebatárselo con todas sus fuerzas. Una economía de supervivencia a la que denominan «reciclaje». Así de abismal es la distancia que los separa de otro mundo en el que al acto anodino de separar sus desperdicios lo llamamos igual.

Recuerdo que durante el rodaje en 2007 de un documental en el basurero de Managua (Nicaragua), un crío le arrebataba a una vaca el tubo de un gotero, con aguja incluida, para venderlo como plástico. Un camión de la basura acababa de volcar un cargamento de desechos procedente de un hospital. El zumbido de las cientos de miles de moscas que nos rodeaban amortiguaba los gritos de los adultos y niños que competían por abrir con ganchos de hierro las bolsas llenas de gasas ensangrentadas, jeringuillas, pañales, restos de alimentos, medicinas. Arrabales dentro de los arrabales en los que rige una única ley: aquí nada se tira, todo tiene un valor y una utilidad. Los definirán el grado de necesidad. Como en ese otro vertedero situado a unos pocos kilómetros del centro de Bamako, donde un televisor de plasma cumple ahora la más noble de las funciones que este electrodoméstico pudo tener jamás:

ser una de las paredes del chamizo en el que sobrevive una familia de doce miembros. Allí la clase social la define la calidad de las lonas y los objetos con los que se cubren las chozas levantadas con palos y arcilla.

Y en medio de toda esta podredumbre, de la más absoluta miseria, las banderas rusas que ondean son, para muchos de sus habitantes, un grito de esperanza, así sea resultado de una multimillonaria estrategia del Kremlin de manipulación y propaganda.

Los malienses, como los habitantes de otras excolonias francesas del Sahel –una lengua de desierto de más de tres mil kilómetros cuadrados que atraviesa de este a oeste el continente africano–, vieron cómo el despliegue de las tropas europeas en su territorio durante la última década, lejos de apaciguar los conflictos desatados tras la caída del cruento régimen libio de Muamar el Gadafi –lograda tras una revolución popular apoyada por la OTAN–, los recrudecieron, multiplicándose los enfrentamientos entre distintos grupos armados, los desplazamientos masivos y las masacres. En algunos casos, incluso, con la connivencia o colaboración de soldados franceses.

Así que ahora son muchos los que creen que Rusia y su grupo paramilitar Wagner representa una oportunidad de vencer a las organizaciones armadas responsables de su éxodo. «Si Gadafi

hubiese pedido ayuda a Putin, no nos encontra-
ríamos en esta situación. Si Bashar al-Asad logró
vencer al Dáesh fue gracias a la aviación rusa.
Eso es lo que queremos que hagan aquí», nos dijo
Ashraf que, como toda su familia desde hacía varias generaciones, se dedicaba al pastoreo en el
norte de Malí. Ahora observaba con resignación
las cabras de otros refugiados que, tras años viviendo en el campo, empezaban a lograr recuperar su anterior modo de vida.

Los hechos son tan incuestionables como infi-
nitas las interpretaciones, y los periodistas tenemos el deber de buscar y documentar los hechos
con rigor a la vez que indagar en las lecturas que
hacen de ellos cada uno de los actores implicados
en una guerra. Solo así podremos entender sus
motivaciones y su comportamiento. Los seres
humanos somos relato y acción, y el ejercicio de
comprender ambas facetas, a veces contradicto-
rias entre sí, supone un desafío para nuestro mecanismo mental que, por economía del esfuerzo,
intenta amoldar lo que vemos y oímos a lo que ya
sabemos o creemos saber. Por ello, el periodismo
es exactamente lo contrario de dar por sentado,
por entendido, por sabido: es estar siempre recep-
tivas a otras perspectivas y miradas de la realidad
que nos permitan entender los porqués.

Y aun así, somos costumbre, somos lo que nos
contamos, estamos constituidas por los argumen-

tos que más nos convencieron, miramos el mundo desde nuestra cosmovisión y nuestras experiencias vitales. Por eso, hay interpretaciones que ni siquiera contemplamos hasta que, de repente, alguien nos las expone con total convicción y nos sorprende no haberlas considerado antes, porque, salvo excepciones, siempre hay una lógica en sus argumentos, aunque no los compartamos o incluso aunque estos sean ridículamente falsos.

Por eso me sorprendió que alguien en Malí pudiera tener como referentes al exdictador sirio Bashar al-Asad y al autócrata Vladímir Putin, que se habían unido para bombardear a la población civil y acabar con la oposición al sangriento régimen sirio. Una guerra que se habría cobrado, según las estimaciones más conservadoras, unas 640.000 vidas en un país de 22 millones de habitantes. De hecho, en Siria, el grupo criminal Dáesh no fue vencido por el Ejército sirio, ni por sus aliados rusos, sino por una coalición internacional en la que tuvieron un gran peso las tropas kurdas apoyadas por Estados Unidos. Pero, en este sentido, lo importante no es lo que ocurrió, sino cómo mi eurocentrismo y mi falta de seguimiento de medios prorrusos me habían impedido acceder a esta narrativa propagandística que, además, presenta al grupo paramilitar Wagner, responsable de graves violaciones de derechos humanos, como un aval de victoria militar.

Nunca antes en la historia habían confluido tantos actores, factores y procesos en cada uno de los hechos que determinan nuestra sociedad; a menudo, de maneras y en direcciones distintas; a veces, incluso opuestas. Sin embargo, el ombliguismo occidental y las cámaras de eco mediáticas en las que vivimos nos alejan del paradigma de la complejidad, el que mejor nos permite entender lo que ocurre más allá de Europa y de Estados Unidos, es decir, en la mayor parte del mundo.

–Somos los malienses quienes pagamos las consecuencias de la guerra. El Gobierno de Malí debe negociar para alcanzar la paz con todos los grupos armados, incluidos los yihadistas. Sus líderes son, en su mayoría, malienses. Hay que negociar con ellos y cortar así su cordón con el terrorismo internacional.

Boris G. Kabré habla casi susurrando pese a que estamos reunidos en la habitación de nuestro hotel para no levantar sospechas. El joven de treinta años, licenciado en Relaciones Internacionales y con varios másteres en mediación de conflictos, representa una nueva ola de profesionales del norte de África, formada en universidades internacionales, con una perspectiva decolonial y una gran determinación por recuperar y ampliar su propia epistemología. En el momento de nuestro encuentro, en 2022, hacía una semana que la katiba Masina, una filial de Al Qaeda, había logrado llegar hasta las afueras de la capital y atentar contra la base militar en la que vivía el entonces presidente maliense, el general Assimi Goïta. El ejército se había desplegado por las calles de la capital y la tensión era extrema. Y frente a la respuesta bélica, lo que llevaban años reclamando expertos como Boris era abandonar la doctrina adoptada por Estados Unidos tras el 11S –e impuesta a muchos otros países mediante su hegemonía política y comercial– de prohibir la negociación con los grupos armados que Occidente considera terroristas. Los mismos que, en casos como los talibán de Afganistán, ha financiado y armado la Casa Blanca.

Boris es el fundador de la ONG Acción de la Juventud para la prevención y la lucha contra el extremismo violento en el norte y centro de Malí (JANC-PLEV), dedicada a visitar las regiones controladas por los grupos armados fundamentalistas para alcanzar acuerdos que protejan a la población civil. Y como académico y experimentado conocedor de la realidad sobre el terreno, utilizaba un tono pedagógico para explicar lo que es una obviedad en los países del Sahel –los más afectados en la actualidad por la proliferación de los grupos fundamentalistas islamistas–: que los que ahora actúan bajo la bandera de Al Qaeda y Dáesh en esta región africana no son, en su mayoría, extranjeros radicalizados ideológicamente, sino jóvenes que terminan enrolados en sus filas como vía para proteger a sus comunidades de la violencia empleada por otros actores armados y atraídos por un salario extraordinario en un contexto de miseria y absoluta falta de oportunidades.

Una realidad parecida a la que me he encontrado en países como Mozambique, Irak o Libia y en otros más lejanos como Honduras o El Salvador. Ya sea en bandas criminales de corte fundamentalista religioso o en otras como las maras centroamericanas, quienes a menudo conforman sus bases más jóvenes –bajo la parafernalia estética, discursiva y argumental con la que buscan diferenciarse del resto–, son muchachos que ante la falta de perspectivas vitales, de recursos para migrar y de horizonte de mejora, encuentran en el grupo armado una identidad, una protección frente a otras amenazas, y también un ascensor social. Algo que las grandes potencias parecen obcecadas en seguir queriendo ignorar: que el desbocado crecimiento de la desigualdad al que asistimos espolea la violencia y la conflictividad, y, por tanto, hace del mundo un lugar más incierto e inseguro. En este sentido, la inacción ante la crisis climática está agravando los conflictos existentes y alentando otros nuevos: la pugna por los cada vez más escasos recursos está convirtiendo el mundo en una sucesión de polvorines.

«Nos refugiamos aquí huyendo de los ataques de los grupos yihadistas, pero si no conseguimos dinero, alguno de mis hijos tendrá que unirse a ellos», nos dijo Fátima en la chabola que había levantado en un terraplén a las afueras de Pemba, en Mozambique. Había llegado a esa población de la región de Cabo Delgado, la más pobre y abandonada institucionalmente del país, en una barcaza después de que al-Shabaab –la filial del Dáesh en África Central– cometiera en la ciudad de Palma –a cuatrocientos kilómetros de donde nos encontrábamos– uno de los ataques terroristas más mortíferos de los últimos años en África: más de dos mil personas asesinadas, según datos de ACNUR.

Pero en estos contextos la etiqueta de terrorista no dice nada, no explica la guerra, no señala las soluciones de paz. Son solo trampantojos, clichés para el entretenimiento. En Mozambique, el Estado está controlado por un grupo étnico enfrentado al mayoritario en la región de Cabo Delgado, por lo que las instituciones castigan a su población con el abandono y la represión. En ciudades como Pemba, el ejército lleva a cabo regularmente redadas en las que detiene, de manera arbitraria e indistinta, a civiles y a miembros de grupos armados.

«No estamos dispuestos a perderlo todo como les ocurrió a nuestras familias en la anterior guerra. Esta vez debemos estar preparados porque llevan tres años matando. Y el Gobierno no nos protege. Si vienen, nos defenderemos». Tres jóvenes voluntarios de una asociación local dedicada a atender a la población refugiada conversaban en estos términos en la bañera de la *pick-up* que nos llevaba de vuelta a Pemba. «Ellos llegan armados a las poblaciones, les cortan la cabeza a los hombres, se vuelven a la selva, cruzan las fronteras. Actúan con total impunidad. Y ya han anunciado que van a atacar Pemba. Pero, si entran, estaremos preparados», añadió uno de los muchachos, afligido con las imágenes que acababa de ver en el campo de refugiados de Metuge, donde malviven en condiciones infrahumanas unas ocho mil personas que fueron obligadas a abandonar su hogar por los grupos de al-Shabaab.

«Nosotros también podemos usar catanas. Estamos estudiando y queremos ir a la universidad para construirnos una vida mejor, pero tenemos que proteger a nuestra familia. Claro que tenemos miedo, pero no parece que vayamos a tener otra opción», añade uno que había permanecido en silencio hasta ahora. No ha cumplido aún los veinte años y acaba de comprobar el despojo en el que la guerra y la violencia convierten a quienes podrían ser familiares suyos. El grupo de muchachos acababa de escuchar, por primera vez en su vida, el relato de horrores indescriptibles contados por supervivientes. Y se habían dado cuenta de que, en cualquier instante, podrían ser ellos los asesinados. De inmediato asumieron que, antes de que eso ocurriese, serían ellos los asesinos. Aunque fuese en legítima defensa, visualizarse matando o viendo matar a los seres queridos te despoja de inocencia, de confianza y de una suerte de alegría etéreas y despreocupadas que, una vez perdidas, resulta imposible recuperar. Convivir con la muerte infunde gravedad a la alegría, la vuelve más profunda, más serena, más salvaje, más imprevisible e inesperada.

Como la noche del verano de 2005 en la que mi amiga Carmina Bascarán, en un estadio de fútbol lleno de gente en São Jesus de la Selva, en Brasil, dijo que en esa ciudad llena de asesinos de trabajadores esclavos, ella y los cientos de chavales activistas a los que había formado iban a defender la vida. Y mientras lo decía *empuñando* el micrófono con fiereza, y mientras nombraba, uno a uno, a todos los defensores de derechos humanos que habían sido asesinados en los últimos años, quienes la observábamos conteníamos el aliento para que nadie cumpliera las amenazas y la matara de un disparo allí mismo. Pocas risas han nacido tan cerca del alma como las que aquella noche nos dejaron sin aliento recordando el temor, celebrando la satisfacción de que el miedo no le impidiese «hacer lo que debía hacer», como ella dice.

Las palabras alimentan la guerra, pero no bastan para narrarla, para representar lo inefable, para trasladar el abismo que habita en quien ha visto morir a sus criaturas, decapitar a su pareja, quemar vivos a sus vecinos. Por eso, el rigor en la narrativa de la guerra se acerca más a la pintura impresionista que a la fotografía realista: además de narrar los hechos con veracidad y precisión, tiene que hacer visible la atmósfera que lo envuelve todo; una conciencia íntima pero colectiva de que lo único importante es, sea como sea, frenar la conflagración, el río de muertes, el tornado de devastación. Y eso es el llamado periodismo de paz: alumbrar los factores, las dinámicas y las prácticas que favorecieron la adopción de la violencia como mecanismo para resolver los conflictos y cuáles son las vías para iniciar el diálogo, el debate, la negociación, los consensos que permitan acabar con ella; mostrar el cartón piedra en el que se basa el relato épico y desterrar el monopolio del sufrimiento que experimenta una de las partes; explicar cómo opera el poder antes, durante y después de la guerra, y también cómo el poder y la violencia transforman a las personas; traducir el lenguaje de la guerra a los hechos, los discursos a los objetivos y la estrategia militar a su coste en vidas, en recursos, en futuro.

A menudo, en las coberturas de conflictos y crisis humanitarias, hay momentos de revelación.

Crees que has recopilado la información necesaria sobre el contexto, que has presenciado escenas reveladoras sobre los hechos, que tienes los testimonios claves para contar la historia. Pero sientes que te falta algo para que el trabajo final tenga eficacia, pulsión, nervio, entidad. Puede ser una frase, una visión, una duda, y suele aparecer cuando estás tan adentro de la historia que, de alguna manera, empiezas a diluirte en ella, a olvidarte de ti misma y a ver a través de los ojos de sus protagonistas. Como cuando conocí a Maryna en una de las coberturas de la guerra de Ucrania en el frente del Donbás.

Tras días acompañando a equipos de rescate de civiles y soldados en el frente, la fotógrafa María Volkova, con quien suelo trabajar en ese país, me pidió que dedicásemos el último día antes de volver a la capital, Kiev, a pasear por Kramatórsk, la ciudad en la que dormíamos: quería que conociese esa otra Ucrania, más soviética, más pobre que la occidental, en la que ella nació. Visitamos colegios bombardeados en los que fantasmas escuálidos se pinchaban entre cristales rotos y escombros, hombres que habían buscado en las drogas el estímulo que no les ofrecía su contexto plomizo y decadente mucho antes de que empezasen a caer los morteros. Recorrimos fábricas abandonadas desde la disolución de la Unión Soviética donde voluntarios dejaban pienso para los perros que vagaban en manadas por la ciudad desde que sus dueños huyeron por la invasión. Y en una avenida desierta, cuando la nevada se había vuelto inclemente, la vimos a ella, avanzando cargada con un par de bolsas, apenas un metro y medio de altura, y el *ushanka* –el gorro de piel tradicional ruso– encajado hasta las cejas. A nuestro alrededor, bloques y bloques de hormigón visto donde durante décadas nacían, crecían, se reproducían y morían familias de clase obrera hasta que la violencia los convirtió, mayoritariamente, en soldados a ellos y en refugiadas a ellas. Al fondo, las siluetas de unos herrumbrosos columpios y toboganes alzándose en el centro de la plaza. Y sobre nuestra cabeza las sirenas aéreas recordando la amenaza cada pocos minutos. María y yo nos ofrecimos a ayudarle con la compra y Maryna nos invitó a tomar un té en su casa. Era un entresuelo de los edificios residenciales soviéticos de cinco plantas construidos en los años sesenta. Sentadas en la cocina, encajadas entre la encimera y la mesa de aquella diminuta habitación, fuimos asaltadas por los gritos de su hija, una mujer de casi cincuenta años, de melena electrificada rojiza y cuya corpulencia recordaba a la Alicia gigante del País de las Maravillas, con las piernas y los brazos sobresaliendo por la puerta y las ventanas, solo que, en su caso, era a ella misma a la que su cuerpo parecía encerrarla como una mazmorra.

Se llamaba Olena y amenazaba a su madre mientras a nosotras nos exigía tabaco a gritos. Maryna nos pidió que no se lo tuviéramos en cuenta, que su hija tenía esquizofrenia, que ella era viuda, que sobrevivían con unas pensiones que no sumaban más de 250 euros, que nunca se planteó huir porque ¿adónde, cómo, para qué?

El Donbás está lleno de *babushkas*, como se llama a las abuelas en ruso, ancianas viudas que se quedaron donde caían las bombas porque no querían perder su hogar, ni abandonar a sus animales, ni empezar de cero en un país extranjero, compartiendo una habitación con sus familiares y menos con desconocidos, porque preferían morir en su cama o porque ni siquiera tenían el dinero para emprender el exilio. Y muchas de ellas porque ya libraban su propia guerra. Como Maryna que, a sus setenta y dos años, llevaba ya unos cuantos encerrada en el minúsculo apartamento cuidando de Olena, sufriendo sus ataques y, al mismo tiempo, agradeciendo su compañía, combatiendo juntas el frío y la soledad con vodka y novelas en la televisión, viendo cómo las estaciones se sucedían a través de la ventana mientras nadie parecía reparar en su existencia.

Ahí estaba Maryna, la guerra de tantas mujeres dentro de la guerra, vidas arrasadas antes por la pobreza, por la falta de oportunidades, por el abandono institucional y por la violencia intrafamiliar que por la invasión de las tropas extranjeras. Pasar la mañana conversando con ella sobre su larga existencia, acostumbrándome a las irrupciones agresivas de Olena, viendo nevar desde su ventana, observándola cocinar como lo hacía mi abuela Lucía –un poquito de pollo, de legumbres, de especias y la comida resuelta con poco dinero para un par de días–, pude empezar a intuir la atmósfera que envuelve su vida y, así, las claves que me permitirían contar un tiempo, que abarca siempre mucho más que el del conflicto bélico, que se remonta a cuando desde los Parlamentos, los medios de comunicación, los sindicatos y las patronales deja de hablarse de país vecino, de amigos, de trabajadores, de socios, y se empieza a hablar de amenaza, de rival, de enemigo.

Maryna no entendía qué interés podía tener en ella, por qué había decidido destinar mi tiempo a conocerla. Le expliqué, gracias a la traducción de María, que la generosidad y la hospitalidad de personas como ella me permitían lo más difícil de la guerra: ver más allá de las armas, sumergirme en la cotidianidad de las tinieblas.

Narrar el abismo duele, desorienta y, a veces, quiebra. Pero, sobre todo, nos permite estar en contacto con la vida en su expresión más extrema, más ruda, más entregada y más desprovista de impostura. Y también nos regala una familia extensa de personas con las que compartimos experiencias y memorias que nos definirán íntimamente y que en muy raras ocasiones verbalizaremos: supervivientes de los conflictos, activistas y defensores de los derechos humanos, cooperantes y periodistas a los que les debemos un conocimiento más crudo, impío y fibroso de la condición humana. Y en algunos casos, seguir vivas, seguir vivos. Gente que ama demasiado la vida, que ha constatado su fragilidad y su pujanza; hombres y mujeres gozosos, divertidos, generosos, apasionados y apasionantes, que se entregan a la defensa del bien común porque creen, salvajemente, que todo el mundo debería tener la oportunidad de experimentar la existencia así, adrede, conscientes de que solo tenemos una y de que debería sabernos a poco.

La actualidad consiste a menudo en un relato compuesto por una sucesión de eventos aparentemente inconexos e imprevisibles, lo que aumenta la sensación de incertidumbre y, por tanto, azuza la desazón por la que cada vez más personas evitan, activamente, informarse. La actualidad se les presenta como una retahíla de hechos caóticos, catastróficos, inabarcables, incomprensibles que las hace sentirse temerosas, impotentes, frustradas, acorraladas, tristes. Pero el periodismo es exactamente lo contrario: la explicación del contexto, al mostrar su origen y sus causas, siembra confianza y entendimiento. Al mostrar la lógica interna de los hechos, alumbra las vías para la salida a esa situación, avivando la confianza en la capacidad del ser humano para construir futuros deseables. Al reconstruir los procesos que llevaron al otro a convertirse o a ser convertido en «el enemigo», apuntamos también la senda por la que podemos y debemos trabajar para que vuelva a ser nuestro prójimo. Lo tuvimos claro con los niños soldados de conflictos como el de Sierra Leona en los años noventa. Hoy, en cambio, seguimos rodeados de niños y niñas soldados, así sean ya adultos, a los que desde los medios reducimos a expresiones puras de la maldad, negándoles cualquier posibilidad de reinserción y, por tanto, de futuro digno que no pase por el aniquilamiento o la prisión a perpetuidad. Necesitamos volver a narrar los condicionantes sociales que producen crimen, inseguridad, violencia, maldad. Debemos reivindicar y exigir la prevención y la reinserción como un pilar de las sociedades cívicas, progresistas, democráticas, garantistas, la máxima expresión de confianza en la educación y, por tanto, en el ser humano.

Y, desde luego, el periodismo es también la memoria de que tras la tragedia suelen llegar periodos en los que una imaginación cívica se pone al servicio de la concordia y el bien común. Eso fue lo que pensé cuando, después de una de mis últimas coberturas en Ucrania, visité el campo de concentración de Auschwitz, a unas pocas horas de la frontera polaca por la que tenía que salir en tren del país en guerra. Viendo los miles de zapatos de niños y niñas ejecutados, de trenzas de mujeres que, tras el trasquilón, fueron incineradas, de prótesis, de gafas, de maletas de quienes fueron asfixiados en las cámaras de gas, no podía dejar de pensar en cómo, pocos años después de que un régimen se hubiese volcado en reducir a más de once millones de personas en jabón, cenizas, cadáveres, en nada, Europa vivió uno de los periodos más fecundos en avances humanistas y progresistas. Observar durante horas los restos del mal absoluto, paradójicamente, me insufló esperanza en el futuro. Igual que tener presente la muerte puede ser un acicate para no dar la vida por sentada, adentrarnos en los abismos en los que nos hemos sumergido como especie nos ayuda a recordar que fueron la cooperación y la solidaridad las que nos permitieron sobrevivir y volver a desear vivir. Y esa es la función del periodismo de guerra: recoger las pruebas para que nadie jamás pueda decir que no lo sabía o que no ocurrió; ofrecer a las víctimas la oportunidad de poner palabras a lo que jamás debieron vivir y un canal por el que dejar transcurrir el caudal de su dolor; así como diseccionar los mecanismos que conducen a la barbarie para alumbrar las claves con las que evitarla, frenarla y avanzar en los procesos de justicia, verdad y reparación. Porque el periodismo ha de ser intencional, tener un propósito, un objetivo. Y no hay ninguno más apremiante, crucial ni ético que la paz. Tampoco más molesto: pone demasiados intereses en peligro y en ciernes el –injusto– orden mundial. Precisamente por ello, no puede haber un buen periodismo de guerra que no persiga con valentía, paciencia y anhelo, la paz. Como no puede haber un buen periodismo de paz que no vuelva a los lugares que arrasó la violencia para narrar que

> *Después de cada guerra*
> *alguien tiene que hacer la limpieza.*
> *Un mínimo orden*
> *no se hará solo.*
>
> *Alguien tiene que apartar los escombros*
> *de los caminos*
> *para que puedan pasar*
> *carros llenos de cadáveres.*
>
> *Alguien tiene que hundirse*
> *en el fango y en la ceniza,*
> *en los muelles de los sofás,*
> *en las esquirlas de vidrio*
> *y en los trapos ensangrentados.*
>
> *Alguien tiene que arrastrar una viga*
> *para apuntalar la pared,*

alguien debe poner cristales en las ventanas
y colocar la puerta en los goznes.

Es una labor nada fotogénica
y requiere años.
Las cámaras ya se han ido
a otra guerra.

Otra vez puentes,
de nuevo estaciones.
Las mangas se deshilacharán
a fuerza de arremangarse.

Alguien, escoba en mano,
recuerda aún cómo era todo.
Alguien escucha
y asiente con la cabeza que no le arrancaron.
Pero pronto, muy cerca,
empiezan a pulular
quienes lo encuentran aburrido.

Alguien todavía a veces
de debajo de una mata desentierra
argumentos oxidados
y los arroja al montón de desechos.

Quienes saben
la trama de la historia
tienen que ceder

a quienes apenas la conocen.
Y menos que apenas.
E incluso casi nada.

En la hierba que ha crecido
sobre causas y efectos
alguien debe tumbarse
con una espiga entre los dientes
*para contemplar las nubes.**

* Wisława Szymborska, «Fin y principio», en *Paisaje con grano de arena*, Jerzy Sławomirski y Ana María Moix, trads., Barcelona, Lumen, 2011.